U0695534

历史文化资源探究

李明瑶　王赫延　吕游　　著

吉林文史出版社

图书在版编目（CIP）数据

历史文化资源探究 / 李明瑶，王赫延，吕游著．--
长春：吉林文史出版社，2021.12
ISBN 978-7-5472-8361-5

Ⅰ．①历… Ⅱ．①李… ②王… ③吕… Ⅲ．①文化史
—研究—中国 Ⅳ．①K203

中国版本图书馆 CIP 数据核字（2021）第 231084 号

历史文化资源探究
LISHI WENHUA ZIYUAN TANJIU

出 版 人　张　强
作　　者　李明瑶　王赫延　吕游
责任编辑　钟　杉
装帧设计　杨　哲
出版发行　吉林文史出版社
地　　址　长春市福祉大路5788号出版大厦
印　　刷　吉林省吉盛印业有限公司
开　　本　787mm×1092mm　1/16
印　　张　14.125
字　　数　200千
版　　次　2021年12月第1版
印　　次　2021年12月第1次印刷
书　　号　ISBN 978-7-5472-8361-5
定　　价　58.00元

前 言

历史文化资源是一个民族生命力的传承与延续，具有显著的地域特征和历史的烙印。作为三大产业中综合性和跨度最大的产业，第三产业中的旅游产业发展涉及历史、文化、自然、人文等方面的综合考量。此外，历史内涵、文化积淀、风俗风情、文化遗产（有形、无形）等均可构成旅游产业发展的基础。

历史文化资源作为过去人类历史发展过程中人们创造的物质文化与精神文化的载体，它包含了区域文脉、历史记忆和文化内核。历史文化资源的保护与开发是当今探讨历史文化资源的主要方向，在这个方向上，随着时代不断发展，技术不断革新，保护的形式与内容日益完善；市场的需求多元化使得开发的方式与手段更加现代化、科技化。传统形势下保护与开发的优势如何同当下科技的发展与民众实际的需求相结合，还需深入探讨。

由于笔者的学识水平所限，文中难免存在不足，欢迎专家、读者指正。

目　　录

第一章　关于历史文化资源的理论

第一节　历史文化

一、历史文化

"历史文化"的第一层含义，基本应叠加"历史"和"文化"的定义，指的是过去的事实和有关记录以及人类所创造的精神产品和物质产品，所表现出的赋予自然现象或物体的独特含义，是一种能够对人类生产生活方式产生影响的精神因素。当然在这里，历史与文化也是一种相互交织的关系，不能截然分开。在这一层含义中，既包括历史，也包括文化；既包括历史上的文化，也包括现实中的文化。

"历史文化"的第二层含义，可以认为是"历史上的文化"，"历史上的文化"本身包含了历史，这些历史也产生了一定的影响。这里的历史文化和现实文化是相对而言的，是按照历时性把文化分成了两大组成部分。历史文化和现实文化通常有一定时期的间隔，但历史文化又对现实文化产生着难以磨灭的影响。

"历史文化"的第三层含义,则应解释为"历史"经过沉淀后成为文化,强调历史是文化的核心。"历史"成为影响人类发展的文化成果,大多是通过口头传说、历史遗存、图文以及影音资料等方式记录下来的"往事",因此,这一层"历史文化"含义,主要指的是口头传说、历史遗存、图文以及影音资料等能够影响人类生产生活方式的精神和物质成果。

以上三层含义,相互交织。综合三层含义取其广义,基本上囊括了整个"历史文化"的意义。

二、历史

现代汉语"历史"一词中,"历(歷)"是形声字,从止,从麻。"麻"本指"悬崖边的庄稼","止"与"麻"联合表示"走到庄稼地的尽头",后引申为空间上的经过和时间上的经历。

历史即应该是和现实有一定时期间隔的过去的事实和一定事实的记录。"往""过去"是"历史"最鲜明的特征。历史,实际上就是过去的事实,"事实"是历史的关键所在。对于过去的事实,又必然涉及人物、时间、地点,即不同的"人"在过去不同时间、不同地点发生的"事件",组成了"历史"。"事、人、时、地"是"历史"的四大基本要素。

历史上的"事"当然是"往事"。"往事"包括自然事件和社会事件。"自然事件"是人类所生活的自然环境中发生的事件,包括山崩海啸、洪涝干旱等众多自然现象,在不同程度上对人类的生活产生影响,并使人类对这些现象做出反应。"社会事件"是指发生在人与人之间、人群与人群之间、不同的社会阶层之间、国家与国家之间的事件。这些"事"可大可小,大事影响大,给人们留下了深刻的印象;小事影响小,甚至没有给人们印象;影响越大越容易通过各种记录方式流传于后世,影响越小越不容易被记录,所以难以流传于后世。通常情况下,"历史"由"大事"组成。

在"历史"中，人是最为重要的因素。社会事件自不必说，即使是自然事件，也具有一定程度的社会影响。缺少了人的"历史"是自然，是古生物学、古地理学的范畴，历史意义极小。"历史是以人为基本的元素来记载的，记载的对象有个人也有群体"，个人是社会历史的最小单位，能够被历史记录的个人大多是英雄。

历史本身是一个时间的序列，因此时间是"历史"不可缺少的要素，"历"本身即包含"时间上的经历"。在"历史"一词的演化过程中，由"史"到"历史"，主要也就强调了"经历、历时"，也就是人类经历的一段时间，即在事件中加入了时间的概念，使"历史"一词才完全具有了今天的含义。"时间是历史的内在节律，历史及其意义只有在时间中才得以呈现，因此，时间作为历史存在的条件，与历史有着密切的联系。"斯氏认为："历史作为生命的历程，作为永恒'生成变化的过程'，以时间性为其本质规定。"历史由"过去"组成，其独特的存在特征也正是其"过去性"，历史就是过去。而且，历史之所以成为"历史"，就是在时过境迁、尘埃落定之后方才呈现的。可以说，没有时间就没有"历史"。

"地"作为"历史"的基本要素，即指地域空间。历史本身是某一时期，某一地方的人物，发生在某一个空间内的事件。历史的空间可以大到整个世界，也可以小到一个国家或地区，甚至更小的一个村落或一个街区。

三、文化

文化功能学派的代表人物波兰裔英国社会学家马林诺夫斯基提出，文化就是一个为了满足社会成员应付环境的某种需求而把自己置于更好位置上的工具性装置，他认为器物和习惯构成了文化的两大方面——物质方面和精神方面，它们相辅相成，共同实现文化的功能。文化功能学派强调文化是属于人的独具特色的行为工具和生活方式，强调了文化的影响力，指出了文化自身的重要特点。

广义上的文化涵盖很广，甚至包括全部社会生活，与社会、人类历史没有区别，因而就会失去文化本身的特点。因此，有学者提出："文化是人类所创造的精神产品和物质产品所表现出的精神因素。"这一概念简洁明了，范围比较明确，且又特别指出了文化的实质性内含：精神因素。但是，这一概念却没有涵盖文化的"影响"功能，文化的影响是实实在在存在的。另外，文化不一定完全是"产品"，有些自然现象或物体因为人的精神因素也具有文化的内涵。

因此，综合而言，所谓"文化"就是指人类所创造的精神产品和物质产品以及赋予自然现象或物体上所表现出的能够对生产生活方式产生影响的精神因素。

文化是一个完整的有机整体，本难以分割，但是为了认知，人们通常又对其进行剖析，将其分成若干层次结构。一般来说，可将文化分为四个层次结构：即制度文化、精神文化、物质文化以及行为文化。

制度文化，是人类为了自身生存、社会发展的需要而主动创造出来的有组织的规范体系。主要包括国家的行政管理体制、人才培养选拔制度、法律制度和民间的礼仪俗规等内容。制度文化是人类在物质生产过程中所形成的各种社会关系的总和。社会的法律制度、政治制度、经济制度以及人与人之间的各种关系准则等，都是制度文化的反映。

精神文化，也可称"心态文化"或"观念文化"，又可划分为社会心理和社会意识形态两个层次。社会心理包括人类在社会实践和意识活动中长期孕育出的价值观念、审美情趣、思维方式等尚未经过理论加工和艺术升华的流行的大众心态。社会意识形态具体表现在哲学、伦理、道德、宗教、科技、美学、史学、文学、艺术等理论化和对象化的意识领域，通常是指经过系统加工的社会意识。这是文化的核心部分，也是人们最容易认知的文化层面。

物质文化，亦可称"物态文化"，是指为了满足人类生存和发展需要所创造的物质产品及其所表现的文化。物质文化由人类运用精神智慧加工创造的各种器物所构成，是人类物质生产活动方式和产品的总和，是可触知的具有物态实体的文化事物，包括服饰、食物、建筑、工具等，是整个文化创造和传承的重要载体。

行为文化是指那些以一定文化素质为基础的行为方式和生活方式。人类的社会活动都是通过相互联结的行为方式实现的，而这些行为方式特别是高度发达的社会行为方式，无不与文化发展的程度有关，比如待人接物、言谈举止、处世态度等。它存在于社会生活的所有方面，涉及所有的社会成员，是社会生活潜在的灵魂和支配力量，也是一个时代文化精神的真正承载者，往往渗透在时代留存下来的文献和文物之中。

以上文化层次结构是从文化形态学角度出发，包括内核与外缘的不定型文化整体，从外向内进行剖析的结果。文化作为一个整体，是不能被分开的，但为了认知，被分成了四个层次结构，它们相互作用、相互渗透、相互影响，有时还相互转化、相互补充。物质文化、制度文化、行为文化反映着并受制于精神文化，是一定精神文化的映射，是其表面现象也是内在的具体表现，是它的附属品，要靠精神文化去推动，还要靠精神文化去塑造、去评价。精神文化也不能独立存在，它需要一定的载体，只能通过物质、制度或行为的形式表现、反映出来。这些物质、制度和行为正因为体现着人的内在心理和精神世界，因而才成为文化的重要组成部分，它们体现的精神文化越多，内涵越丰富，其文化价值就越大。

从文化形态上，由外向内把文化划分为物质文化、行为文化、制度文化以及精神文化，是整个文化四个基本的且紧密相连的层次结构。这也是对一般文化最基本的类型划分。针对具体不同的文化，则可以划分出不同的文化类型。

文化类型就是"对各种文化进行分类的术语"，凡是"以经过选择并相互起作用的各特征或各组特征为主要内容的文化结构，即是一种类型"。

不同学者根据所采用的标准不同，可划分出不同功能的文化类型。如以文化变迁和精神素质为基本依据可划分出：农业文化、游牧文化和商业文化三种主要文化类型；按照人类生存空间的不同可划分出：大陆文化、海洋文化、草原文化等。文化类型还可以按照不同角度划分为历史文化、地域文化、民族文化、宗教文化、国别文化等；按文化活动的对象分为饮食文化、服饰文化、影视文化、科技文化、教育文化、经营文化、旅游文化等；或按文化的不同形式划分为园林文化、社区文化、企业文化、校园文化、街道文化、庭院文化、家庭文化等；还可以按照不同文化群体划分为精英文化、大众文化、老年文化、青少年文化等。

由于历史远比现实悠久，使得历史文化资源成为文化资源的主要组成部分。历史文化资源是人类文明的结晶，蕴含着国家和民族特有的精神价值、思维方式和想象力，体现着国家和民族发展的生命力和创造力。

历史文化资源的内涵不是简单"历史＋文化＋资源"，它不仅具有历史、文化、资源的三重含义，还兼具历史的关联性、文化的内容性和资源的形式性。

第二节　历史文化资源的特征

历史文化资源的特征丰富：公共性与教育性同时存在；文化价值的不可替代性；自然性和人文性的交杂；历史性赋予的独特性。

一、公共性与教育性同时存在

历史文化资源是中国古代精神文明的重要见证。历史文化资源是全人类的共同财富，由人类创造，也由人类共享，具有公共性。董雪梅认为，历史文化资源服务于公众社会，具有公益性的教育功能。历史文化资源是中国优秀传统文化不断延续、更新的重要载体，是文化建设过程中取之不尽的精神宝库。传统文化尤为注重"修身、齐家、治国、平天下"的理念。

同时，历史文化资源种类繁多，可提供的教育素材丰富，具有很强的教育说服力和吸引力，而且非常有针对性和实效性。例如，在许多地方，名人的故居被作为免费参观的教育场所，人们在观赏中深受名人文化的感染、熏陶，感悟名人文化的魅力，加强自我教育。

二、文化价值的不可替代性

历史文化资源蕴含着丰富的民族精神和道德观念，具有精神文明价值，有利于新时期的精神文明建设，同时历史文化资源还蕴含着巨大的经济潜力。通过合理的开发、利用，把资源优势转化为经济效益，进一步促进文化产业和文化事业的发展，有利于创造就业机会，促进经济发展。历史文化资源还给后人留下了可供借鉴和参考的经验和教训，在回顾历史的过程中反思现实，增加民族认同感和归属感。但是，历史文化资源与一般的文化资源不同，是不可再生的，也是无法替代的，越是质量高、年代久、特色足，价值越高。历史文化资源的历史性和价值性决定了它的地位，所承载的历史文化内涵、历史信息、历史风貌是无可替代的。很多现存的古遗址、古建筑都代表了那一时期、那一地域的历史文化，即使"同质"的历史文化资源，也无法相互替代，它们都是独一无二的。

三、自然性和人文性的交杂

历史文化资源是历史不断发展和变化的产物，但它不仅是自然历史发展的产物，更是人类和大自然共同创造的，同时具有自然性和人文性。譬如，大唐芙蓉园不仅具有历史文化价值，同时具有自然观赏价值，是人与自然和谐共存的见证。此外，历史文化资源包括物质文化遗产和非物质文化遗产，非遗中的很多音乐和舞蹈是劳动人民在自然劳作的过程中创造的，可能初期只是很简单的劳动动作，具有自然属性，后期为了使它更符合审美需求，人类对它不断进行修改、完善，最后成为人与自然的共同产物，形式是人为创造的，内容是自然赋予的。比如《川江号子》就产生于劳动过程中，它直接为劳动生产服务，非常真实、生动地反映劳动场景和劳动者的精神面貌，还原了热火朝天的劳动场景，它是长江流域的文化瑰宝。

四、历史性赋予的独特性

历史文化资源是在文化资源中着重强调历史性的，但不仅仅是"历史"的狭隘范围。文化资源具有"历史性"，而这个"历史"是由许多不同的时代组成的，同时包括政治、经济、军事、制度等，因此，历史文化资源是不同历史时期形成的物质与精神产物的总和，而不仅仅是"历史"表面的词义，这是它的独特性之一。其次，由于地理位置和历史演变的差异，不同地区的历史文化资源各有特色。例如，陕西在中国古代的版图中是核心区域位置，上下接南北，左右达东西，这样重要的地理位置使陕西的历史文化资源具有鲜明的地域特色，是与其他地区形成的历史文化不同的。由于秦代和唐代在陕西建都的缘故，陕西的历史文化资源大多与秦代和唐代有关，这是不可改变的事实，所以陕西的历史文化资源具有不可复制性。但更重要的是，陕西文化底蕴之丰厚，其文化遗产之独特，在中国传统文化中的地位是很高的，这也是陕西历史文化资源突出的原因所在。

第三节　历史文化资源内涵

简单来说，文化资源是指人们在从事文化生产活动的过程中产生的可以利用的各种资源，既包括物质的，也包括非物质的，它包含各种文化成果和形态。物质文化以古建筑、古遗址为主要代表形态；非物质文化形态主要以民风民俗、工艺技术、文学艺术等为主。虽然说文化资源是在历史变迁中不断积累产生的，但是应该认识到人是促进文化资源形成的主体，有人的地方才有文化。

程恩富最早提出文化资源的概念，他认为凡是与人类活动有关的自然资源和人工物质遗迹都是文化资源。文化资源的范围包括遗址、建筑物，甚至是一些具有历史、建筑、考古或者人文色彩的重要物件都属于文化资源。此定义较为具体，但是将文化资源的内涵缩小了，只看到了文化资源的物质方面，没有意识到文化资源中的非物质方面。后来，学界对文化资源的定义众说纷纭。如申维辰认为，文化自信是凝结在人类无差别的劳动成果中的精华部分，是劳动过程中丰富的思维活动或者物质、精神产品。王广振、曹晋彰认为，凡是能够满足人类精神文化需求、提高文化产业基础的所有资源都是文化资源。

向志学认为，关于历史文化资源是指在历史过程中遗留的具有价值性、独特性并且能够开发利用的文化资源，但是向先生特别指出它是"实体"当中的一部分。由此可见，其定义偏重于"资源"。

历史文化资源包含历史、文化和资源三个层面，具备历史渊源、文化内涵和资源形态。但是，历史文化资源不只是"历史＋文化＋资源"，三者的结合构成了一个独立的文化主体。简而言之，历史文化资源是以历史为核心的文化资源或历史中产生的文化资源，这样说又偏向了"历史"方面。然而，文化资源不是纯粹的历史资源，而是人类在历史变迁过程中创造的物质和精神财富资源的深度积累。它是人类文化传统的载体和精神成就的见证，是能够继承和创新的宝贵财富。历史文化资源满载着政治、经济、军事、思想等多方面内容，也体现着中华民族勇敢的开创精神、奋进的拼搏品质、高尚的道德情操、强大的智慧力量。

历史文化资源有有形和无形之分。有形的历史文化资源主要以历史遗迹和历史建筑为代表。历史遗迹包括洞穴、房屋、原始居民点或古代人类居住的古城。当然，名人活动遗址也被视为历史遗迹；历史建筑主要是皇家或者朝廷修建的宫殿、阁楼等，如故宫、大明宫等。无形的历史文化资源一般指非物质文化遗产，主要是非文字形式的"活文物"。它是民间文化遗产中艺术色彩比较浓厚的部分，具有代表性和浓厚的区域历史性。

第四节 历史文化资源的价值分析

对历史文化资源进行价值分析，有益于我们对历史文化资源进行全面认识，并不仅仅针对其传统意义的审美价值，更重要的是对经济价值的认识，有助于在产业化背景下，使历史文化资源借助文化产业发展的潮流实现新的突破和传承。本节对历史文化资源从价值类型、时间价值以及要素价值三个方面进行分析，具体如下：

一、按价值类型分析

国际上关于文化遗产的分类，主要分为物质文化遗产和非物质文化遗产，因此，对于文化遗产的重要组成部分——历史文化资源，也可以将其分为物质性历史文化资源和非物质性历史文化资源两大类，根据历史文化资源的存在形式来看，可以分为口头类历史文化资源、文字类历史文化资源、实物类历史文化资源和形体类历史文化资源四类，以下按照不同类型进行价值分析：

（一）口头类历史文化资源价值

空气的流动产生风，风吹动树叶等物体会发出声音，这就是最原始的非生物信息，人与动物通过气流在口腔中震动也会发出声音，这就是最原始的生物信息。通过不同的声音要素、音色、音调等进行组合，传递出复杂的情感和进行思想交流。利用发出的声音产生话语、故事或音乐等进行交流和传承。在不同民族、不同区域、甚至不同时代，既可以稳定、持久地传承，同时也会发生变异，但这些都可以从口头型历史文化资源所包含的历史文化信息中得以辨识，如代代相传的故事和没有民族、区域界限的音乐等传统非物质形式，将使历史文化资源在新的时期展现出更大的价值。

（二）文字类历史文化资源价值

符号、图画和文字是人与动物之间最基本的区别要素，是人脱离动物属性的最根本的信息标志，也是人类社会最基本的文化信息。它可以传递极其细微、复杂的情感和思想。例如，通过甲骨文、文学、图画、科学或哲学等高级形式进行人类间的交流和文化的传承，这些都可以从文字型历史文化资源所包含的历史文化信息中得以辨识，并通过物化的形式进行展现，如历史建筑的修复和重修等。

（三）实物类历史文化资源价值

文物是人类在社会活动中遗留下来的具有历史、艺术、科学价值的遗物或遗迹，它是人类宝贵的历史文化遗产。通过文物古迹、建筑群体、遗址等实物传递出历史的、艺术的、科学的价值信息，并进行保存、鉴赏、交易和传承，这些都可以从实物型历史文化资源所包含的历史文化信息中得以辨识，这就为该类型历史文化资源利用信息化、数字化以及产业化发展奠定了基础。

（四）形体类历史文化资源价值

形体，是对语音和语言的重要补充，也是动物与人类具有的最基本要素之一，是最原始的本能信息之一。通过不同的动作、姿势、形态等组合，传递出复杂的情感并进行思想的交流。利用形体的变化，即借助服饰或工具等发展出复杂且高级有序的人类身体形态，如舞蹈、戏剧、礼仪等形式，并借助它们进行交流和传承，这些都可以从形体型历史文化资源所包含的历史文化信息中得以辨识，通过历史活动的再现，强化形体类历史文化资源的独特性和可参与性。

二、按时间价值分析

（一）历史性价值

历史性价值是历史文化资源的基本要素，没有历史性价值的假文物，只具有现代商品的市场价值。同样类型的一件文物，在市场上的价值差别很大，这是由于时间价值要素的作用，赋予了历史文化资源"物以稀为贵"的价值。

（二）当代性价值

它是历史与未来的连接点，需要兼顾历史及未来价值两个方面的价值考量，同时需要考虑时代的倾向和政策的变化。历史文化资源的现实性价值是在现今社会对其价值的发挥与肯定，也是其能够为现今社会所利用的基础，同时也为其未来的升值提供了空间。

（三）未来价值

未来价值是对历史文化遗产的潜在的价值提升进行的预测，是历史文化资源得到可持续发展的结果。

三、按要素价值分析

（一）历史性价值评价

历史文化资源的历史性评价承载着真实的历史信息和记忆，确认其具有的历史功能、作用、地位，拥有时代性、民族性、地区性的特点。

（二）艺术性价值评价

历史文化资源的艺术性承载着艺术创作的印记，确认其艺术水平的精湛、功能、作用、地位，具有艺术性、精美性、观赏性的特点。

（三）科学性价值评价

历史文化资源的科学性承载着科学创造的过程，确认科学、工艺、技术的含义，揭示的规律，存在的功能、作用、地位，具有哲理性、发明性、创造性、实用性的特点。

（四）经济学价值评价

它不是历史文化资源的基本要素，而是经济学价值评价的要素，承载着市场经济价值，根据历史文化资源的历史性价值、艺术性价值、科学性价值、劳动价值及自然资源存在价值，确认其市场经济价值的大小，具有权属价值、时间价值、稀缺价值、功效价值、劳动直接成本价值、外部间接成本价值及消费者间接成本价值等。

（五）所有权价值

产品是生产者创造出来的，自然应当归于生产者；商品除了生产者的贡献之外，还有商人的流通贡献，从中获取应有的必要利润。但是对于历史文化资源，从小的范畴来讲，属于家族传承；从中的范畴来讲，属于民族传承；从大的范畴来讲，应属于国家传承；从更大的范畴来讲，应属于全人类的传承。因此，我国文物保护法规定，重要的、珍贵的、稀缺的文物，全部属于国家所有，不得在市场上交易。

第五节 历史文化资源的开发和保护

历史文化资源作为一种可持续资源，保护与开发是重要问题。既要关注历史文化资源的保护，又要关注历史文化资源的开发。历史文化资源保护的目的是为了更好地利用，历史文化资源开发的目的也是如此。

一、历史文化资源的开发

历史文化资源的保护与开发是相对而言的，历史文化资源保护是属于文化遗产学的内容，历史文化资源开发则是属于文化产业学的内容。

开发，本指用垦殖、开采等方法来充分利用荒地或天然资源。随着"资源"范畴扩展到文化等方面，开发的对象无疑也要大大扩展。从"开发"的原义出发，历史文化资源的开发，简而言之，即是指使用各种方法充分利用历史文化资源使其发挥效用，取得效益。在历史上，其实早就存在对历史文化资源的开发，主要表现为资政、社会教育、启智以及把汲取或宣讲、交流历史文化知识作为一种休闲娱乐方式等。当前，历史文化资源开发主要以发展文化旅游业或文物博览业为主。其实，历史文化资源还可以得到更多其他方面的开发，尤其是随着国际国内对文化"软实力"的日益重视和文化产业的迅猛发展，历史文化资源开发的方式越来越多种多样，如在科学研究、古玩字画、书刊出版、演艺、影视、动漫游戏等行业方面。

历史文化资源开发首先就是对历史文化进行科学研究。有学者指出史学家研究历史的动机，一是情感嗜好，即凭借着对历史的研究来满足自己的审美需求；二是生存需求，即凭借着对历史的研究以获得一份维持生活的工作；三是文化建设，史学家研究历史，无论出于什么样的动机，但只要去做，客观上都会推动历史学的发展，都是时代文化建设的需要。显然，历史研究者研究历史存在的效用和效益，是在开发历史文化资源。基础的历史研究也是在进行历史文化资源开发。科研工作者以及规划师们结合某一地区的历史文化资源进行历史文化景区、景点的论证规划，既能取得直接的效益，又能为景区、景点长远的可持续开发取得更大效益。历史文化研究本身既属于历史文化资源开发，又能够推动历史文化旅游业以及其他历史文化资源的发展。

当前，文化旅游博览业是历史文化资源开发的最主要途径，几乎一提到历史文化资源开发，人们就会想到历史文化旅游业。很多人进行旅游的目的是增长知识、探索未知以及让自己和他人接受教育熏陶。由于历史文化资源具有神秘性、知识性及教育性等特性，这就使其成为旅游行业理想的旅游胜地。历史文化旅游业最基本的层次就是利用历史遗址遗迹、宫殿楼阁等历史建筑，古镇村落、民俗风情等历史文化资源搭建景点景区等，出售门票，并以景点景区的观光服务为核心带动饮食、酒店、交通、商业等一条龙配套的服务业。这也是对历史文化资源最简单的旅游开发，也可以称之为历史文化资源开发的"一般模式"，国内大部分历史文化景区目前都属于这一模式。利用历史遗迹、历史故事或民俗风情等建设历史文化主题公园是历史文化旅游资源开发的较高层次，其中西安曲江的"大唐芙蓉园"即为一个比较成功的范例。利用历史文化资源提供公共旅游文化产品，采用"免收"门票等方式，聚集"人气"，提升区域文化影响力，进而发展房地产等其他产业，带动整个区域社会经济文化发展，则是更高层次的开发模式，整体上西安"曲江模式"即属于这样一种模式。

古玩字画，现在通常指的是收藏于民间的历史文物与名人字画，也是历史文化资源的组成部分。古玩字画历史文化资源开发是一个传统行业。随着国家大力发展文化产业，各地纷纷出现"古玩一条街""亮宝楼"等古玩字画市场，在法律许可范围内推动古玩字画业的繁荣发展。

历史文化书刊出版业是历史文化资源开发的重要组成部分。随着我国"历史文化热"的兴起，历史文化书刊市场的前景极为广阔。与远行旅游相比，通过历史文化书刊洞察历史文化奥秘、了解各地民俗风情，显得更为便捷。历史文化旅游很多时候往往是走马观花，而通过图文则可以领略得更为深刻彻底。

中国"十大古典名曲"《高山流水》《梅花三弄》等直到现在仍经久不衰；当前最著名的小提琴协奏曲之一的《梁祝》是以越剧《梁山伯与祝英台》音乐为原始素材创作而成。中国历史上形成了众多的地方戏曲剧种，包括京剧、昆曲、越剧、黄梅戏、豫剧、粤剧、川剧、秦腔等。历史文人也创作了众多的经典戏剧，如《琵琶记》《牡丹亭》《窦娥冤》等。这些取之不尽、用之不竭的艺术宝藏，值得被后人不断开发利用。以某一历史时期的文化为主题，创作歌舞表演，是历史文化资源演艺开发的重要形式。

动漫游戏业是一个深得广大青少年喜爱的新兴产业，因其具有低能耗、低污染、高产业价值、多就业机会等特点与优势，被誉为21世纪的朝阳产业。历史题材是动漫游戏的重要内容，如知名动漫游戏《战国》《三国》《成吉思汗》等均以中国历史文化为主要内容。历史文化对于青少年具有神秘感，历史上的知名人物对青少年更具有强烈的吸引力。在历史类动漫游戏中，玩家可以在虚拟世界中扮演历史名人，攻城略地，建功立业，实现"扬名天下"的梦想。利用历史文化资源研制动漫游戏，既是培养用户群体的一种现实选择，也是对传统文化的一种弘扬。

二、历史文化资源保护

历史文化资源作为文化资源的重要组成部分，与自然资源等硬资源不同，可以得到持续性的利用与开发，但这种可持续性的前提是历史文化资源不能遭到破坏，必须进行保护。

所谓历史文化资源保护，即为了避免自然和人为的损毁、破坏，运用各种手段对物质性历史文化资源和非物质性历史文化资源进行种种防护、抢救、保养、维护，保持历史文化资源的原始性，以进一步对其传承和利用。

宏观上，历史文化资源保护应有社会保护和技术保护两个层面。社会保护主要指成立相应的保护组织，国家地方制定、颁布必要的政策法规，建立保护场所，对历史文化资源保护进行研究与宣传等。技术保护主要指采用各种措施、技术防止历史文化资源，尤其是属于文化遗产的历史文化资源被偷盗、外流，遭遇火灾，受到自然腐蚀、风化，修复易受损害的壁画、瓷器等，以及保护、培养非物质文化遗产传承人等。

具体而言，当前历史文化资源保护主要涉及相关国际公约、国家政策法规以及具体的田野考古、博物馆、遗址遗迹与古近代建筑文物保护、古籍保护、非物质文化遗产保护、口述史抢救及其保护等相关科研、宣传、教育、管理方面的工作。

历史文化资源保护的主体是文化遗产保护。联合国教科文组织、国际古迹遗址理事会等组织通过了一系列公约、建议、宪章等。结合国际公约，世界各国纷纷制定了历史文化资源保护的政策法规。

田野考古是文化遗产保护的重要组成部分，也是其他保护工作的一项重要前提。田野考古主要就是通过实地调查发现遗址文物点，以确定保护级别。考古调查最重要的目的和意义首先是为了保护。考古发掘是取得实物资料最系统、最全面的科学手段，是最积极主动的保护，也是日后考古学家深入研究文化遗产保护的先决性条件。田野考古在文化遗产保护中有着非常重要的意义和作用。考古实践对遗址保护具有促进作用，通过田野考古有助于弄清遗址的分布范围和空间布局，确定遗址的年代，对大遗址保护的合理规划能够提供科学的依据。

博物馆是文化遗产保护的主要机构。目前，博物馆主要是对可移动文物和不可移动的遗址遗迹以及古近代建筑文物等进行保护和管理。随着人们越来越重视非物质文化遗产，建立更多的非物质文化遗产博物馆也已经是大势所趋，博物馆在非物质文化遗产保护中也将起着越来越重要的作用。展示文物标本是博物馆的主要特征，博物馆从其诞生之日起就以收藏和保护文物标本为第一要务。近年来兴起了数字博物馆，使文化遗产保护观念极速更新。

将文化遗产保藏到博物馆是文物保护的重要方式，但博物馆仅仅是其保护的主要机构，只能使其不再遭到人为破坏。然而，遗址遗迹与古近代建筑文物本身还存在着自然的不可抗力或其他难以避免的损毁，这就需要运用文物专业技术进行保护。文物保护技术的核心是修复和保养：对因老化而破碎、变形的文物进行技术处理，使其得以恢复原貌，即修复；为阻止或延缓文物劣化、变质而采取的防护性技术措施，即保养。

古籍是文化遗产的重要组成部分，必须得到妥善的保护。古籍保护目前得到了人们的高度重视。2007年，我国国家古籍保护中心在国家图书馆成立，此后省市政府纷纷依托图书馆、高校、科研机构成立古籍保护中心。全国范围内组织开展了古籍普查登记工作，全面了解古籍情况，逐步形成完善的古籍保护制度及古籍保护工作体系。目前古籍保护主要有两种模式：一是直接性保护，二是再生性保护。前者是指在不改变原件载体的情况下，做好古籍的防虫、防潮、防盗、防火以及对古籍进行修复、加固和改善藏书环境等工作；后者是指通过现代技术、数字化手段将古籍内容复制或转移到其他载体，以达到对古籍长期保护与有效利用的目的。

非物质文化遗产保护主要包括其组织架构、相关法规制度、保护主体、传承主体以及保护原则等方面的内容。当前非物质文化遗产保护国际组织架构主要是联合国教科文组织和民间艺术国际组织；我国国内主要有设在中国艺术研究院的中国非物质文化遗产保护中心、各省市县级非物质文化遗产保护中心以及其他相关部门机构。非物质文化遗产保护的主体主要是政府部门、高校、科研院所、公共文化机构以及民间团体组织等支撑性机构以及社会公众。非物质文化遗产传承主体，即通常所说的"非物质文化遗产传承人"，传承人的认定是非物质文化遗产保护的关键环节。采取经济扶持、表彰奖励等手段支持、保护非物质文化遗产传承人对保护、传承非物质文化遗产起着重要作用。非物质文化遗产保护的原则主要是以人为本原则、创新原则、可持续发展原则以及整体性原则等。

口述史是历史文化资源的重要组成部分，在复原某些历史文化方面具有其他档案、文献资料所无法替代的价值。非物质文化遗产的内容首先就包括了"口头传说"，这些口头传说有可能是民间传说，也有可能是真实的历史。但是，由于大多历史研究者长期关注文献资料而疏于口述史，目前其面临着失传的危险。一方面是因为口述史抢救在历史文化资源保护中有着重要作用；另一方面，口述史料的保护也是历史文化资源保护所面临的重要问题。

三、历史文化资源保护与开发的关系

保护与开发是历史文化资源两个不可分割的组成方面。历史文化资源需要保护，同时也需要开发。在诸如博物馆等对历史文化资源进行保护的过程中，往往也就伴随着对历史文化资源的开发。

物质文化遗产与非物质文化遗产是历史文化资源的主要组成部分。在开发利用文化遗产资源促进地方经济发展过程中，需要严格贯彻、遵循国家文化遗产保护与开发的基本方针与原则。

保护与开发都是为了更好地利用历史文化资源，本不冲突，关系也并不矛盾。但是，在目前历史文化资源的保护与开发中，特别是文化遗产保

护与发展旅游业之间却存在着比较突出的矛盾。

首先，旅游开发不可避免地会造成某种破坏。破坏和开发在一定程度上是共生的。当前旅游业普遍是粗放型开发模式，使得积极的开发也会带来破坏。其次，从人为角度看，旅游开发也会产生破坏作用。因管理不善，文化遗产景区游客涌入量往往超过其承载力，从而给文化遗产本身造成了致命的损坏。大量游客造成的喧哗，会破坏文化遗产相应的氛围；游客的不文明行为，是对旅游资源的极大破坏。再次，因开发而带来的外来文化冲击，也是对其严重的打击。另外，保守式的保护，妨碍了开发。因害怕开发造成破坏，为"防患于未然"，易导致片面地强调保护，从而忽视了对文化遗产资源的正确开发。

有学者总结了历史文化资源保护与开发的四种模式：① 为了开发而开发；② 为了保护而保护；③ 为了保护而开发；④ 为了开发而保护。第一种模式不是政府和社会的最终目的，而且与文化产业发展的时代趋势很不贴合，属于一种比较消极的模式。第二种模式为了暂时的利益，不惜造成对资源的污染和破坏，不考虑环境效益和可持续发展。对于第三种模式，很多历史文化资源只有通过开发才能得到保护，通过开发带来的效益可以为历史文化资源保护提供动力与氛围，开发可以保证历史文化资源永续利用。第四种模式是指对于唯一的、独特的、不可再生的历史文化资源，就必须通过保护来开发，必须坚持先保护后开发的原则。面对不断深化的认识，在当前历史文化资源保护与开发实践中，人们也越来越趋向于后两种模式，而且这两种模式往往相互渗透。驰名中外的西安唐代大明宫遗址历史文化资源，即交互采取了后两种模式。

在历史文化资源的保护与旅游开发中，单纯地强调保护，或一味地追求开发都是片面的，需要将矛盾由对立转为统一。历史文化资源保护与开发应该是相互联系、相互依存的。

首先，历史文化资源保护是开发和发展的前提，保护是为了更好地开发。例如，在旅游业中，历史文化资源是旅游者进行旅游活动的一个基础和前提条件，一旦被破坏殆尽，相关旅游业将失去依存的条件，也就再无开发可言。其次，历史文化资源开发是其保护的必要手段。历史文化资源保护归根到底是为了社会更好地发展，只有经过必要的开发利用，才能更好地发挥其功能和效益，也才具有现实的经济意义和社会意义，历史文化资源保护的必要性也才能得以体现。再次，开发本身意味着保护。一般情况下，合理的、科学的历史文化资源开发，是要进行整修以延长其生命周期，而非令其"自生自灭"。在开发过程中，或对历史文化资源周边环境进行改善、美化，以增加其可参观性；或对历史文化资源进行搜集和整理，重现其光芒。同时，历史文化资源开发促进经济发展，带来很大一部分收益，也通过各种形式"反哺"，用于其环境改造、基础设施和环境建设等。

因此，历史文化资源保护与开发之间不应该有根本的冲突和对立。历史文化资源开发是必要的，保护是必须的，只需要在开发过程中把握好"度"，做到历史文化资源"在保护中开发，在开发中保护"。目前，面对数字化时代大潮，利用虚拟手段即网络技术将历史文化资源整合起来，全面地向社会传播，而丝毫不会影响到文化遗产本身的安全，可以将历史文化资源的保护与开发提高到一个崭新的阶段。

发展旅游业是历史文化资源利用最为重要的方式，处理好保护与开发关系的问题最为突出，最被人们所关心。而古籍文献同样存在着要处理好保护与开发利用的关系问题，比如古籍文献的保护与利用。以前很多部门为了保护古籍而不向外借阅，就连影印、复制常常也被禁止。从保护角度而言，这种做法无可厚非，因为借阅、复印等行为很容易造成古籍的破损。但是，从开发利用古籍价值、充分发挥其功能的角度而言，显然就又值得商榷。好在进入数字化时代后，古籍不断地实现了数字化，从而逐步解决这一矛盾。

另外，书刊出版、演艺、影视、动漫游戏等行业的历史文化资源开发方式也存在着要处理好保护与开发关系的问题。相对而言，这些行业在当前的被重视度要远远低于历史文化资源旅游开发。一方面，为了发展繁荣文化产业，大力鼓励书刊出版、演艺、影视、动漫游戏等行业对历史文化资源的开发；但另一方面，这些行业为了提高发行量、票房、收视率或点击率而不惜"恶搞"历史文化。和历史文化旅游业相比，这些行业更容易抢占"数字化"的先机，因此，这些更需要在历史文化资源数字化的转化过程中得到重视。

四、历史文化资源的类型及与文化遗产的关系

结合基本要素情况，历史文化资源可以被划分为历史事件文化资源、历史实物（文物、古籍等）文化资源、历史人物（一般是名人）文化资源、原始文化资源、古代文化资源、近现代文化资源、地域历史文化资源等。历史文化资源的基本要素中事、人、时、地四大要素紧密交织，不能简单地分割，使得以上几种类型的历史文化资源之间也不能完全分割。

按照不同地域，历史文化资源也可以进行划分。如我国地域历史文化资源就可以再分为：吴越文化资源、中原文化资源、巴蜀文化资源、秦文化资源、齐鲁文化资源等，或者按当前国内省份划分为陕西历史文化资源、四川历史文化资源、山东历史文化资源等。然而，以上对历史文化资源类型的划分有些笼统。为了更好、更清晰地划分历史文化资源，有必要探讨一下其与文化遗产的关系，再进一步对其分类。

文化遗产主要是从考古学衍生出来的概念，而历史文化资源则是融汇了资源经济学、城乡规划学、历史学等学科的综合性概念，是一个比文化遗产范围更广的概念。历史文化资源包括文化遗产及其衍生物，文化遗产是历史文化资源的主干。诸如文物复仿制、仿古建筑、收藏文物遗址的场所（当代博物馆等）以及历史文化类书刊等通常不被看作是文化遗产，但它们的精神内涵却是文化遗产，且这些也仍然属于历史文化资源。就概念

的落脚而言，文化遗产强调"遗产"，尤其是"遗"，更着重保护；而历史文化资源重在"资源"，强调"源"，趋向于开发。但是，文化遗产也并非一味地"保护"，在当前文化遗产学科体系的不断构建过程中，也出现了"文化遗产经济学"的概念，涉及文化遗产保护的经济问题，并涉及结合"文化遗产"与"历史文化资源"，提出"文化遗产资源"概念，深入探讨文化遗产的开发问题。而历史文化资源更不意味着就是"开发"，在资源经济学中，其中重点问题就是对于资源的保护，历史文化资源开发的前提更是保护。

　　文化遗产不仅仅是保护，历史文化资源也不仅仅是开发。文化遗产一般分为物质文化遗产与非物质文化遗产两大类型。然而作为历史文化资源，古籍文化遗产具有一定的特殊性，实质上介于物质与非物质之间。基于此，历史文化资源不妨可以划分为三种类型：一是文物及其衍生物；二是古籍文献及其衍生物；三是非物质文化遗产及其衍生物。在这三种历史文化资源中，文物古迹遗址、古籍以及非物质文化遗产的主干核心部分属于历史上发生的事物，属于历史文化资源的核心层；历史文化类书刊文献、音视频、非物质文化遗产等，以及依托文物古迹或非物质文化遗产建立起来的博物馆，则属于历史上发生事件形成的影响从而积累起来的事物，属于历史文化资源的外围层。

　　总之，对于历史文化资源，保护与开发都不能忽视，各种行业、各种方式的保护与开发之间的关系都要处理好。随着时代的发展，历史文化资源数字化保护与开发在很大程度上能够妥善处理两者之间的关系。

第二章　地区历史文化资源的价值

第一节　相关地区历史文化资源的定义和范围

资源是可被人类开发和利用的物质、能量和信息的总称，它广泛存在于自然界和人类社会中。或者说，资源是指自然界和人类社会中一种可以用以创造物质财富和精神财富的、具有一定数量积累的客观存在形态，如土地资源、矿产资源、森林资源、海洋资源、石油资源、人力资源、信息资源等。从经济学角度看，资源的概念包含以下几个方面的内容：

第一，资源是已经存在并且有条件开发利用的各种要素的总和。资源以三种形式存在着：废弃资源，它们是一种过时的资源；现实资源，即当前有条件开发利用以及正在开发利用的资源；潜在资源，指那些目前尚无条件开发而在将来却能够被利用来创造财富的种种要素，这是一种非现实资源。人类对于资源的开发利用总是受着社会条件的限制，对于资源的运用是相对确定的，每一个时代的人们所能实际利用的资源，只能是它的现实形态，即现实资源。资源不仅有各种物质形态，也包括知识、经验、技术等非物质的信息形态资源。

第二，资源必须是能够创造出财富或资产的各种要素的组合。这意味着被用来创造财富或资产的要素，包括物质的、精神的、体制的或者人的知识与能力，社会的资本、科技与文化等都属于资源。不管作为资源的要素，其本身是自然的产物还是人类劳动的结果，只要是用于生产过程并创造财富的要素，都属于资源范围。

第三，资源转化为财富是经过人类劳动实现的。资源是经由劳动的加工而形成可供人们满足需要的财富。就财富或资产而言，它的形成取决于两个条件：一是资源，二是劳动。这就在两个方面界定了资源的范围。一方面，只有同财富形成有关的要素才可能成为资源；另一方面，一些要素即使同财富形成有关，也须经由劳动（体力的或脑力的、简单的或复杂的劳动）才能创造出可供人们消费使用的资产或财富。

资源是经济赖以发展的基本要素，由于一定资源对象总是与一定生产力相协同才能成为现实有用的资源，不同的发展阶段，各种资源的利用率和对于经济增长的贡献率会发生变化，主导性资源会被更替、扩充。可见，资源具有动态演化的特征，在传统经济中，劳动力、自然资源和资本占据经济增长的主要贡献地位，人力资源的发挥更多地依赖其他资源的存在与应用。在知识经济时代，经济发展过程中主导性资源出现了划时代的变化，即人力资源和知识成为了主导资源和驱动力。当人的创造力成为主体资源，资源的内涵和外延就得到了更深刻、更广泛的拓展，一些具有历史积淀的物质载体、民间传说、民俗风尚、小说故事，均可纳入资源的范畴，加以开发和利用，成为对促进经济增长有用的资源。这种开发和利用的效果则取决于人们创意的发挥。

历史文化资源是指人类发展进程中所创造的一切含有文化意味的文明成果以及承载有一定文化意义的活动、事件、物件等等。有相关学者和专家指出历史文化资源是指人类历史文化遗存诸多实体当中具有独特功能、现代资源价值、能够被科学合理地开发利用，甚至进行扬弃升华的部分。史平指出历史文化资源是"人类生活过程中的遗存，这种遗存可以为人类现在及今后的社会生活所利用"。

在这个瑰丽的宝库中，有大量的实物遗存和文字遗存。实物遗存中，包括历史文物、历史遗迹等。历史文化资源外延极广，它既可以是历史文物、古迹，如古街道、古镇、古雕塑、古园林等，也可以是古人的诗词、学说、故事、吹拉弹唱等，乃至流传至今的民俗风情、衣冠服饰、风味美食等。历史文化资源具有以下几个特点：

第一，具有兼具性。这种兼具性文化氛围，养成了区域内民众敢于接受新事物的文化基因。如中国哲学的起源，是由两大系统耦合而成，在北方以儒家为代表，在南方则以道家为代表。在这样的哲学背景下所产生的文学艺术南北风格迥异，北方文学风格以严谨为特征；道家学说的故乡，楚国以及整个南方的文学风格则以活泼、浪漫为其特色。而中国的戏剧、曲艺，同样也是长期融合南北艺术之长，形成了曲艺、戏剧种类多、流派风格独特的特征。

第二，具有较强的扩大性。扩大性展示了一个地区历史文化遗产强大的生命力，也能够突出一个地区对国家、对民族的重大贡献，有利于培养该地区群众的自豪感。

第三，具有传承性。传承性不仅贯穿了一个地区文明史的始终，而且许多类型的文化资源既有传承又有发展和创新。文化传承对于一个国家、一个民族的行为意识和社会制度路径选择具有巨大影响，而文明进步对于人类社会发展具有决定性意义。可以说，社会系统演化是文化与文明两股力量交互作用的结果。文化基于历史传承，文明基于科学进步，两者虽相互影响，却遵循着各自的规律。当文化传承与文明进步的张力保持一致时，两者会形成相互协调、相互促进的和谐状态；当文明进步与文化传承发生离变并达到一定临界点时，文明基于自身的进步规律会与文化产生摩擦。这时，制度创新成为协调文化与文明关系的内生性要求，并可能产生两种结果：一是引起文化的强制性变迁，以适应文明进步的价值观与制度范式的要求；二是文化对文明形成掣肘，使人们的行为保持在与文化传承相适应的价值范式与制度范式之中。一种良性互动的结果是：文化传承、文明进步与制度创新形成新的发展合力。

第四，具有地域性。一方水土孕育一方文化。历史文化是人类发展过程中所创造的，也是一个长期的过程。如在中华大地上，不同社会结构和发展水平的地域自然地理环境、资源风水、民俗风情习惯、政治经济情况，孕育了不同特质、各具特色的地域文化，诸如中原文化、三秦文化、燕赵文化、中州文化、齐鲁文化、三晋文化、湖湘文化、蜀文化、巴文化、徽文化、赣文化、闽文化等，是特定区域的生态、民俗、传统、习惯等文明的表现。它在一定的地域范围内与环境相融合，因而打上了地域的烙印，各具特色，发展不平衡。这种时空分布的不均衡，真实地反映出一个地区历史文化的流动性和地域特色，而思想文化大家的频繁出现以及行政区划的独立，增强了区域内文化的交融，成为凝聚省民意识的文化基础。这对今天的文化发展仍有启示意义。

地区历史文化资源即是指该地区历史发展进程中所创造的一切含有文化意味的文明成果以及承载有一定文化意义的活动、事件、物件等等。地区历史文化资源具有历史文化资源的一般特征，同时又体现出自身的独特特点，这也是我们认识和讨论地区历史文化资源的出发点。

第二节　社会价值对地区历史文化资源的影响

文化资源是社会发展永不会枯竭的源泉，是推动社会发展的又一重要的资源。随着社会经济的发展，它的作用和功能日益显著，世界上许多国家和地区越来越重视文化资源的开发和利用。

一、地区历史文化资源是爱国主义教育的重要途径和民族精神的重要基础

历史文物资源是人类文化遗产的核心资源，是形成文化软实力的重要依托和支撑。物质文化遗产资源，是区域文化软实力的首要资源和重要基础，可为区域经济社会的发展提供文化基础和文化支撑。再者，邯郸、保定、承德、正定、山海关五座国家级历史文化名城，共有各类博物馆、纪念馆92座，文物藏品91万件，而其中珍贵文物就高达7万余件。这些历史文化（文物）资源，对维系历史、延续文明起着特别重要的作用，以独特的方式潜移默化地影响着当代人们的思想观念，更犹如一张张"历史文化名片"和一个个"文化使者"，在提升区域品位、打造区域品牌和塑造区域形象等方面起到了极为重要和关键的作用。

二、地区历史文化资源是历史发展的结晶，是社会文明进步的载体之一

历史文化资源是人类文明的结晶，人类文明的载体，也是人类文明发展进步可资汲取的营养源。其现代价值，可以从如下几个层面去理解：

1. 从历史传承角度上说，历史人文资源是现代文明建设的思想源泉。近代河北培育了大批的文化名人。教育先导王森然、一生向学的杨绳武、育德育人的郝仲青、创办留学班的王国光、文化使者李石曾、开启新地理的白眉出、数学王国明珠张广厚、工程巨匠刘仙洲、大地构造之父张文佑、图书馆学先驱王里民、北图功臣袁同礼、考古学巨匠裴文中、末科状元刘春霖等都出自河北，他们在中国近现代文化史上占有重要地位。著名戏曲演员、艺术家荟萃，传世名旦荀慧生、京剧翘楚尚小云、昆曲大师韩世昌、评剧皇后白玉霜、评剧鼻祖成兆才、人民艺术家张寒晖等，都为繁荣祖国的戏曲事业作出了贡献。燕赵侠士、民族英雄霍元甲，为了民族的独立和富强英勇献身的董存瑞、马本斋，中国共产党早期领袖李大钊，"子弟兵的母亲"戎冠秀，爱国核物理学家、中国氢弹之父于敏，他们都是河北的骄傲。榜样的力量，思想的引导，精神的鞭策，可以增强我们的民族自豪感和自信心，诚可为河北的腾飞，为中华民族的伟大复兴，增添强大的驱动力。

2. 从认识角度上说，历史文化资源是现代文明的"老本"。如果要让历史文化资源转化为现代文明的资本，那么，"老本"的功效当不可估量。例如，河北省有不可移动文物 1.5 万余处，其中，国家级文物保护单位 168 处，省级以上文物保护单位 670 处。世界文化遗产 3 项，均位居全国前列；有博物馆、纪念馆 80 座，馆藏文物 91 万件，其中有 1098 件被定为国家一级文物。河北省境内有明代和明以前的燕、赵、中山、秦、汉、北齐、金等长城 4000 多千米，仅明代长城就有 2000 多千米。从 200 万年前旧、新石器时代人类遗迹，到历代王朝乃至近现代各个时期的古城址、古墓葬、古建筑、重要的纪念性建筑和遗迹举不胜举，许多堪称文物精品。另有国家级历史文化名城 5 座，即承德、保定、邯郸、正定、山海关。这些都见证了河北的历史与兴衰。集战国诸子之大成的荀况、儒学大师黄仲舒、广为流传的韩诗与毛诗、孙颖达撰写的《五经正义》，在河北儒学文化史乃至中国儒学史占据了特殊的地位。传奇医生扁鹊，在中国医学史上影响深远的河间学派、易水学派和现代解剖学第一人王清任，使河北医学史放射出耀眼的光辉。伟大的科学家祖冲之、僧一行、郭守敬在科技史上作出了重大贡献。河北还是中华武术的发源地之一，拳种繁多，流派纷呈。吴桥是中国杂技艺术的摇篮，吴桥杂技多次在世界上为祖国赢得荣誉。一系列历史重大事件都在这里发生或拓展，这些壮阔的历史画面留下的人文资源，展示了先辈们探求民主与富强时所历经的曲折路程，显示了人民的英勇不屈、前仆后继的救国情愫，敢为人先、百折不挠的奋斗精神，天下为公、世界大同的理想取向，这些"老本"，乃河北的骄傲。认知它，不仅利于培育家园意识和人文精神，强化历史文化认同感和归宿感，还可以增强民族自豪感和自信心。

3. 从创造方面上说，历史文化资源为现代文明奠定基础。中国历史文化具有一脉相承的优秀传统，继承优秀的传统文化就是培养我们民族的根、民族的元气。师古不复古，法古不泥古，变古适今，古为今用。这是我们传承历史人文精神的立场与态度。从历史文化资源中体悟理性，吸取智慧，为新时期的文明创新积淀底蕴。文化创新，其取向之一，就是在传承历史人文资源的基础上创新，这才具有底蕴，富有生命力，充满活力。

4. 从学术研究方面上说，历史文化资源，大多呈"个体"和"独立"状态。其特色是时空性的凸现，这也为我们研究不同时空的文化现象提供了鲜活的典型。任何"个体"或区域文化都有其局限性和狭隘之处，一省之内的不同辖区也存在明显的文化差异，我们不能只看到大文化圈的共性，也应该认真辨析其中各个小文化圈的个性，如果没有扎扎实实的区域研究作为基础，宏观的整体中国文化研究难免会出现缺失。对历史文化资源的"个体"进行深入研究，有利于我们对本土文化的整体把握，深化人们对文化的认知与感悟，升华历史文化精神。历史文化资源构成区域文化特有的底蕴，也是区域文化在现实社会持续发展的不竭动力，有利于加强与各省市之间经济、文化的交流与合作，实现资源共享、文化认同和产业合作，增强对家乡、对祖国的眷恋，强化中华文化的影响力和凝聚力。

5. 从经济上说，历史文化资源是发展文化产业、提升综合竞争力的地方品牌。历史文化资源正是我们发展文化产业的重要资源，具有品牌效应。但是很多省份文化品牌的打造还处于起步、造势阶段。因此，要通过旅游、教育、传媒、学术研究等诸多渠道，进一步创新文化品牌的传播模式，弘扬仁厚纯朴、重信尚义、慷慨忠勇的人文情神，依托历史文化核心元素，策划不同主题活动等。让历史文化资源的价值得以发挥，使其成为在全国具有极大影响力的品牌。

总之，历史文化资源是一种不可再生的珍稀资源，珍惜爱护历史文化资源与否是衡量文明高低的标尺。

三、可利用历史文化资源推进文化惠民工程

历史文化资源既具有一定的文化价值，又具有一定的经济价值，这是两个相依的概念，就如同人的精神与肉体的关系、躯壳与灵魂的关系。经济发展与文化发展，是社会健康前进的双动力，若用发展经济的功利思想来发展文化，文化自身就丢失了。片面地追求经济价值，以发展经济价值为尺度，衡量区域历史文化的价值，历史文化的自身价值就会被埋没。经济的发展与文化的发展，各有其自身规律。我们今天对历史文化的研究、继承和发扬，应有高度的文化自觉性和文化价值判断力，发挥文化对人们精神的强大支持作用，保障人们在经济的发展过程中，能维护自身的纯正品格。因此，在科学、有效的前提下保护、合理开发利用历史文物，使文物更好地为经济社会发展服务、为人民群众服务，这是全面深入推进文化惠民工程的具体实践。

（一）文物保护性开发有助于推动城镇建设

在城镇建设中，地区历史文化资源的合理、有效开发已经成了各级地方政府重点考虑的因素。以文化遗产为依托，修建遗址公园，建设民生路、历史文化一条街等。加强历史文化遗产保护，延续城镇历史血脉，突出城市文化特色。在重点区域、重点地段和重要节点，打造一批精品工程、标志性建筑和特色街区，构建有底蕴、有品位的城市文化体系，打造有特色、有内涵的城市文化名片，切实推进城镇化建设的科学发展和特色发展。

（二）文博事业推进公共文化服务体系的进展

近年来，许多地区都积极建设博物馆，向社会免费开放博物馆、纪念馆,各级博物馆、纪念馆和爱国主义教育基地。每年都举办各种形式的展览，这些措施激发了全社会的爱国热情和民族自豪感，丰富了人民群众的精神文化生活，也使当地传统文化资源和文化发展成果通过博物馆、纪念馆和

爱国主义教育基地这些平台传递给人民群众，并使他们得到教育。

（三）文化遗产事业是构成精神文明建设的一部分

文化遗产是历史文化的重要载体。各地区要依托各自的文化资源，发展符合自己地区的精神文明建设。以河北省为例，河北省作为革命历史文化资源大省、重要革命纪念地，其纪念建筑物密集，**各级爱国主义教育基地百余处**，河北省可以以此为载体进行爱国主义教育，**提高全省人民整体素质**，引导全省人民特别是广大青少年树立正确理想、信念和人生观、价值观。由于历史等原因，特别是近阶段经济大潮的冲击，中华传统文化，渐为人们所生疏，特别是青少年一代，对中华传统文化已然陌生。中华传统文化的核心是道德修养，没有良好的道德修养，是不能传承和发扬中华传统文化的。而道德修养是中华文明和智慧的结晶、是滋养我们的精神家园。我们要在保护文化遗产的过程中，充分利用文物的宣传和教育优势，深入挖掘它所凝聚的民族精神和传统美德，宣传弘扬爱国主义精神，培育新时期的人文精神和各具特色的城市精神，激发全省人民的热情。

我国近年经济的迅猛发展，所带来的一些社会问题，让众多有识之士重新思考和关注中国传统文化。中国传统文化是中华文明演化而汇集成的一种反映民族特质和风貌的民族文化，是民族历史上各种思想、文化、观念形态的总体集合，是中华民族及其祖先所创造的，为中华民族世世代代所继承发展的，具有鲜明民族特色的，历史悠久、内涵深厚、传统优良的文化，它是中华民族几千年的文明结晶。

第三节 经济价值对地区历史文化资源影响

历史文化资源由于具有地域性、民族性、传承性、独特性和垄断性等特点，往往是一个区域所独有，很难被其他区域模仿和复制，在文化旅游发展过程中具有重要的作用。

一、地区历史文化资源是一个地区综合实力的组成部分，也是推动该地区经济发展和社会进步的重要动力

第一，历史文化资源是加快文化产业发展的助推器，直接拉动地方旅游业的发展。历史文化资源是发展科学考察旅游、文化教育旅游、体验旅游和特色旅游，最基础、最重要的资源，同时也是综合利用民俗、民间文艺、旅游商品等发展人文旅游，最直接、最有效的载体，在培育国民经济新的增长点、加快转变经济发展方式方面发挥着不可替代的作用。历史文化在区域旅游业的发展过程中能形成垄断，在市场竞争中获得很强的竞争能力，从而形成自己的特色和品牌效应。如国际上享有盛名具有"音乐之都"的维也纳，凭借众多知名音乐家的遗迹成为欧洲著名的文化旅游中心；美国古城威廉斯堡，由于完整地保存了18世纪英国殖民地时期的城镇风貌，使参观者的时间倒流了200多年，从而成为美国最重要的历史名胜之一等。地区历史文化的旅游胜地要将独特的历史文化融入旅游业的发展过程之中，形成自己的特色，打造出自己的品牌，使这些宝贵的文化资源成为一种无形力量，促使旅游业走上可持续发展的道路。

第二，历史文化资源是文化创意产业的重要依托。文化遗产是最能体现区域文化特色的资源。因此，可以把影视制作、出版发行、演艺娱乐、数字内容和动漫等重点推进的文化创意产业项目融入历史文化元素，把独特的历史文化资源优势切实转化为文化产业发展优势，作为文化战略的一项重要内容，并进一步明确文化产业的指导思想、基本原则和发展目标，提出以不同风格、资源为载体，建设一批主题特色鲜明、基础设施配套完善、文化品味较高的精品旅游景区。

第三，历史文化资源可以直接吸引文化招商项目。因为历史文化资源对地方旅游业的拉动，使得历史文化资源形成了一种潜在的区域影响力，吸引许多重大项目落地。如邯郸市政府依托广府古城、磁山文化、大名古城、邺城遗址等具有地域特色的文化资源，积极建设广府生态文化产业园区、武安东山文化博艺园、中国邯郸国际文化产业创意大厦等项目，并成功引入民营资本、国外资本 50 多亿元。并且不断加强景区基础设施建设，完善旅游信息服务体系，提高文化旅游综合服务水平，大力挖掘历史文化资源，发挥历史文化名城、千年古县、千年古镇优势，规划建设新的文化旅游线路，使之连点成片。在重点旅游景区和旅游城市，策划打造演艺精品，办好各种文化活动，做大做强一批有影响力的节庆会展品牌，形成定位准确、主题突出、特色鲜明、梯次发展的节庆会展格局。

总之，通过让文化创意和文化资源实现"联姻"，以文化创意为先导，以优势资源为依托，以大项目为载体，以经典品牌为特色，从而走出一条文化创意产业的特色之路，开辟文化产业发展新天地。

二、地区历史文化资源产生直接的经济效益

一个地方的历史文化资源，实际上就是这个地方的名片，是一种文化品牌。如何将丰富的历史文化资源优势转化为产业优势，是一个地区文化产业发展的关键性问题，而寻找突破口又是其重中之重。从影响程度、发展潜力、关联性出发，非传媒内容莫属。对历史文化资源的传媒内容开发就是用文字、音乐、语言、图像等手段创作音像、影视、图书等作品，再现有形与无形的风景名胜、历史文化、习俗风情、音乐舞蹈、地方戏曲等。这种开发一方面可以使文化更尽善尽美，永久保存。另一方面，也是尤为重要的是，当历史文化资源进行了传媒内容的开发，它常常成为展示一个地区形象和品牌的窗口。人们对某个地区的了解和认识，往往是从该地区的文化特色、文化名人开始的。不仅如此，它也能推动其他文化产业的发展，如旅游业、艺术表演业等。如一支风靡全国的歌曲——《太阳岛上》，引发了对哈尔滨一片原始江滩、一片蛮荒野地的太阳岛的向往；一首流传已久的诗——张继的《枫桥夜泊》，使苏州一个荒村小寺（寒山寺）、江南小桥（枫桥）成为千古名胜；一部上座的大片——张艺谋的《大红灯笼高高挂》，

使乔家大院闻名遐迩；也正是电影《少林寺》的轰动一时，才把深山名刹少林寺和少林功夫推向世界；一部万人空巷的电视剧直接带动了产业链下游的旅游业发展，并间接带动了餐饮业、商贸零售业、美容业、时装业，甚至膳食和医药产品等相互关联产业的热潮；一个备受瞩目的节目，在春节联欢晚会上获得观众最喜爱的歌舞类节目一等奖的皮影舞蹈《俏夕阳》，增添了广大民众对皮影艺术或多或少的认识，而且推动这种艺术形态的商业开发。这种事例，不胜枚举。

常言说，一方水土养一方人，一方人形成一方文化。地方文化是一方居民为适应自然环境，满足物质生活、情神生活的需要而长期形成的文化习俗，它包括社会风气、自然环境、物质生活、文化传统和民俗风情等多种因素；是某一地方历史文明发展的载体，蕴涵着丰富的文化知识。如一段古长城记录着古战场金戈铁马的喧嚣，一条河流、一座山峰深深地刻着某一地区历史时期的风云变幻。作为旅游文化资源的地方文化，关键在于是否存在旅游与文化构成联系的历史遗存，它主要包括以下四个层面，即以文物、史记、遗址、古建筑等为代表的历史文化层；以现代文化、艺术、技术成果为代表的现代文化层；以居民日常生活习俗、节日庆典、体育活动和衣着服饰等为代表的民俗文化层；以人际交流为表现的道德伦理宗教文化层。富有个性的地方风物、人文景观或是自然景观都是历史的积淀，是人们在生活实践中，以文化的形态和艺术的形式表现自身的追求和思考，既是独特的地理环境所致，也是地方先人的审美情趣所致。

地方文化独有个性美、奇异美，既可满足旅游者的猎奇心理，又可以满足旅游者的审美需要。人类审美活动与审美需要的产生，符合人类生活本质的某种必要性，它与其他的行为方式一样，也是人的一种生存本能和适应性行为。旅游者观光、欣赏，可以根据自己的生活经历和知识积淀，去品评、欣赏某一地方文化，从中得到美的享受、精神的愉悦。在科学、有效进行保护的前提下合理利用这些文化资源，使之更好地为经济社会发展服务、为人民群众服务，不仅能够为文物的保护提供保障，更可以使文物背后的文化价值和人文内涵在当代社会为更多的人所理解和欣赏。

纵观中华五千年的历史，我们会发现大多数有着重大历史渊源的文化圣地长久地吸引着国内外慕名而来的游客。显而易见，一个地方的历史文化是当地发展旅游业的重要依托，它为当地的旅游业资源提供了更为丰富的内涵。无论是长城、兵马俑还是埃及的金字塔等等都是因其历史文化内涵才能吸引大批游客前往参观。与此同时，这些游客的到来，会带动当地的产业发展，对衣食住行等等各方面的产业都有所推动，使得当地的经济得到快速的发展，这就是旅游经济的发展。由此我们可以知道，旅游经济的发展背后必然有着强大的历史文化背景作为依托，否则一个地方的旅游业不可能有长远的发展。

当前，随着经济全球化步伐的加快，文化产业作为新的经济增长点，日益成为各地综合竞争力和可持续发展能力的基础指标和关键因素，成为21世纪经济全面持续协调发展的支柱产业之一。对于一个地方而言，文化是灵魂，是其内在吸引力，文化产业对地区软实力的提升有其他产业所不能比拟的优势，特别是对地区形象、环境、文化、精神、凝聚力、地位甚至政治文明等方面的直接影响和价值提升作用非常巨大，是本地综合实力、可持续发展的重要保障。

文化产业除了有好产品，还要有市场的聚集效应，必须把旅游、文化、科技、市场有机结合起来，要提升人气，只有把人吸引进来，才能产生效应。文化产业是综合性产业。市场空间大，社会效益大，最为直接的就是能够带来就业岗位的增加，相关产业收入的提高，这就需要社会各方面的支持配合、相互协作，深层次地研究、挖掘、整理、开发，利用地域文化资源作为重要内容，开发各类衍生文化产品，形成高效益的文化产业链。考虑文化产业的综合性，提供所需的服务、配套设施，健全功能，使游客既得到精神层面的享受，也得到物质方面的满足。目前，文化遗产保护资金普遍来源单一，成为文保事业投入上的突出问题。而社会资金进入文物保护利用领域限制多、配套政策不完备、鼓励措施不完善，极大地制约了文物保护工作。

使地区历史文化资源产生经济效益，必须采取以下三种措施和手段：

首先，要有政策引导和财政支持。一方面要明确各级政府的财政支出责任，将文化遗产保护、开发和利用经费列入同级财政预算并逐年增加，增长幅度不低于当年财政收入的增长幅度；另一方面要激发社会投资参与的积极性，鼓励引导更多社会资金投入文化遗产事业，建立"文保开发基金"，支持社会力量积极投入文化遗产保护开发，进一步完善落实社会力量捐赠和遗产保护开发赞助的政策措施，不断拓宽文化遗产保护的投入渠道。

其次，要借助文物影响力提升地方文化形象、打造知名商业品牌。一个区域的文化遗迹，本身就是该区域文化影响力的重要基础，它借助各种品牌文化活动的开展，增强了地方群众的文化自信感，使他们深切体会、了解本地的特色文化，从而转向自觉、主动地保护这种文化，实现文化遗产保护与文化产业发展、文化惠民工程推进的多方共赢。另外，要抢抓住联合国申遗的历史机遇。联合国申遗的成功是世界遗产保护性开发的历史机遇，必然带动当地旅游业的飞速发展。

第三，要实现物质文化遗产与非物质文化遗产保护开发相结合。物质文化遗产是发展人文旅游最佳、最有效的载体，而非物质文化遗产则是提升旅游产业附加值的重要内容。历史文化名城、名镇、名村等的保护与开发，都离不开民俗、传说、民间文艺等非物质文化遗产项目。在对物质文化遗产进行保护性开发的同时，还必须通过恰当的方式开发和利用与其密切相关的非物质文化遗产，综合利用各种人文资源开展多形式、多层次的旅游活动，变平面为立体、变静态为动态、变游客被动为主动参与，实现本地旅游资源的高效开发。同时，应该采取一些有力措施，积极培养和扶持文化队伍和人才，使这些优秀的传统文化得到合理的开发利用和可持续发展，使广大农民享受丰富的文化服务，拥有多彩的文化生活，这是文化大发展大繁荣落实到基层的关键。

第三章　城市园林设计中历史文化的挖掘与表达

第一节　历史文化对于城市及城市园林的价值和意义

一、园林与历史文化

1. 园林与历史

园林是人类在历史发展过程中建造出来的，不可避免地受到历史过程中其他事物的影响而留下或多或少的痕迹，而这些痕迹就是历史发展的见证，因而园林是历史在建筑行业的见证。如阿尔罕布拉宫苑见证了西班牙摩尔王朝的历史，法国的凡尔赛宫苑见证了法国路易十四时期的历史，北京的景山公园铭刻着明清朝代更迭的历史……特别是园林中的树木，作为"活物"存在，更是见证了人类发展的印记。而历史的记载为园林的创造和发展提供了依据和素材，如人们能根据历史的记载了解历史上园林的形式和风格以及影响它们的因素。

2. 园林与文化

建筑是文化的表述，任何文化无不在建筑上留下自己的烙印。园林，作为人类创造的另一辉煌成果，有着比建筑更加丰富的表现空间和元素，它除了结合人工要素外，更重要的是包含了如动植物、水、光、空气等自然要素，如果说建筑是"凝固的音乐"，那么园林则是"舞动的画卷"。从古至今，从东到西，从中国古代帝王的皇家御苑到平民百姓的私家园林，从古埃及的果园、法国辉煌的勒诺特式园林至现代的城市公园广场，无一例外地充满着时代精神与文化，反映了历史与文化的进程。

园林是文化的载体，一个时代、一个社会、一个民族的政治、经济、技术、思想意识、哲学、美学、心理等深层文化结构必然会在城市园林中得到这样那样的反映，这是无可否认的。同样，一个时代、社会、民族的园林也必然是那个时代、社会、民族文化的积淀与结晶。园林文化是人类社会文明在进步尺度上的外化，以其自身形象为语言表述所处时代的许多特征的同时，也反映着当时当地的其他文化特征。园林对于文化具有很大的包容力和涵盖力，能较为集中地体现出一个时代和社会的组织结构、经济形态、传统习俗以及在此基础上形成的意识观念、价值取向和行为模式等特征，它们构成了影响和决定园林发生、发展的文化因素，在较高的层次上显示出特定历史阶段的文化特质。

3. 园林与历史文化的互融关系

园林是人类社会发展到一定阶段的产物，园林是人类历史文化的重要组成部分。园林的出现，已有几千年的历史，从中国古代的皇家宫苑到埃及的宅园，从古巴比伦的"空中花园"到古罗马的哈德良山庄，从西班牙的阿尔罕布拉宫苑到法国的凡尔赛宫苑，无不表述着园林历史的悠久；从私家园林的建造到城市公园的建设，从园林的营造技术到文化艺术，无不凝结着人类的智慧，体现着人类的文明，一部园林的发展史也是一部人类历史文化的发展史。

园林随着人类的发展而发展，历史上留存下来的园林无不见证着人类发展的印记。北京的皇家宫苑铭刻着朝代的更迭兴亡，苏州的私家园林折射出士大夫的文化思维，法国的凡尔赛宫苑映照着专制王朝的兴盛，美国的纽约中央公园反映着人类对城市环境的重视。园林成为历史和文化的记忆与见证。

二、历史文化对于城市的价值和意义

城市是人类重要的聚居地，而文化的产生就是人类聚居的结果，城市饱含了人类文化的结晶。在现今的全球化进程中，文化日益成为城市的中心角色，已成为现代城市发展的主题，将文化融入城市建设已成为当务之急。现在许多城市都采取以文化为基础的城市更新战略，都用优秀的历史文化和先进的现代文化提升城市品位。园林作为城市建设的重要项目之一，其设计和建造也必然反映时代对文化的要求。

1. 历史文化与现代都市人的历史记忆

城市通过集中的物质和文化的力量加深了人类交往的程度。城市通过存在的建筑物、档案馆、纪念性建筑、石碑、书籍等传递复杂的文化信息，因为城市集中了传递和扩大这一遗产所需的物质手段，而且也集中了人的智慧和力量，这一点是城市给人类的最大贡献。从某种形式上说，人们获得的知识，多数是通过间接经验得来的，城市历史文化可以拓展现代都市人的经验范围，它以书籍、故事、史学、遗迹等形式间接地向人们传授以往的知识文化，为人们以后的发展打下基础。

现代社会发展的速度越来越快，在日益丰富的物质生活下，人们却感到精神的匮乏。历史文化给现代都市的人们一种精神慰籍和一种审美追求。一个遥远的历史时代够成为人们憧憬和崇拜的对象，并能够为当前社会提供行为、艺术、信仰方面的引导，如文艺复兴时期西方从古希腊、古罗马的历史文化中重新找到了方向。

2. 历史文化与城市特色

随着科学技术的发展和世界经济的一体化，以及信息时代的到来，世界文化之间的差异表现得越来越小，城市的面貌越来越单调雷同，城市特色正日渐减弱。吴良镛老先生曾经这样说过："特色是生活的反映，特色是地域的分界，特色是历史的构成，特色是文化的积淀，特色是民族的凝结，特色是一定时间、地点、条件下典型事物的最为集中的表现。因此，它能引起人们不同的感受，心灵上的共鸣，感情上的陶醉。"由此可以看出，城市历史文化是城市特色的重要组成部分。

笔者认为，每一个城市的价值就在于它能够彰显出自己的特色，而构成一个城市独特的自我认同内涵的，恰是这个城市与众不同的历史和文化，以及在此基础上形成的城市性格。一个城市区别于另一个城市，不在有多少高楼大厦，而更多在于传承历史文化特色的文化场所和标志性建筑；一个城市相对于另一个城市的竞争力，不完全在于经济的实力，也包括现代与传统的和谐环境。

城市是文化的载体，一个城市的建筑、园林、历史文物、风景名胜，以及城市的道德风尚、风土人情、民俗习惯等等，都是这个城市文化的具体体现。城市在不断发展和更新的过程中，城市的个性、特色和文化也就逐渐形成和显现出来。一座伟大的城市，它的人文特色是在长期的文化积淀和城市人文精神培养的基础上慢慢形成的，新兴的、后期的城市可以"跨越"经济增长阶段，但无法"跨越"人文精神的培养和塑造。

3. 历史文化与城市的旅游

城市的历史文化对于发展城市旅游业具有重要的作用，它能极大地促进城市旅游业的发展，特别是历史文物古迹，由于其所承载的历史信息具有特殊的意义，吸引人们目光的不仅是它们的外在形态，更多的是对它们所蕴含历史意义的寻求。世界上一些知名的国际旅游城市，因为蕴含的历史文化而展现出独特的魅力。如意大利的首都和最大城市——罗马，在多年的历史过程中留下了大量文化艺术瑰宝，在罗马古都遗址上，矗立着帝国元老院、凯旋门、纪功柱、万神殿和露天竞技场等世界闻名的古迹，这里还有文艺复兴时期的许多精美建筑和艺术作品，而位于台伯河右岸的梵帝冈更是美与艺术的宝库，经过岁月洗礼及特殊历史背景熏陶后的罗马，以其丰富的文化吸引着每年万次以上的境外游客；巴黎是法国的首都，也是一座世界文化名城，因为它拥有巴黎圣母院、埃菲尔铁塔、凯旋门、凡尔赛宫和罗浮宫以及象征现代的巴黎的德方斯；北京，同样以其深厚的历史文化内涵吸引着世界人民的目光，它曾经是中国封建社会五代王朝都城的悠久历史，还有万里长城、故宫、明陵等世界文化遗产，以及那深入人心的传统文化生活气息。

三、历史文化对于现代城市园林的意义

1. 满足人们的怀旧情结

工业革命以后人类社会进入了前所未有的发展阶段，科技迅猛发展，物质极大丰富，特别是城市面貌发生了巨大的变化。当代的城市到处是现代化的高楼大厦，到处是体现速度和效率的城市交通。现代的人们已经认识到历史的重要性，而历史和各种文化遗存成为人们追忆过去的精神寄托。城市园林与人类社会各方面的发展有着密切的联系，它不同程度地反映着社会的各个侧面，而园林的"设计"过程则是这些方面的综合协调过程。现代人这种尊重历史的态度和怀旧情节也反映在了园林设计中。如北京皇城根遗址公园，吸引人的不仅是优美的园林，更是对老北京历史和传统的追寻与怀念。

2. 为园林设计提供素材

城市悠久的历史和丰富的文化，给城市园林提供了创作的素材，设计师从中被激发出了不少的设计灵感。在广州黄埔公园设计中，黄埔区悠久的航海历史为设计师提供了创作素材。美国设计师玛莎·施瓦兹在明尼苏

达州明尼阿波利斯市联邦法院广场的设计中，从城市的发展史中获取灵感，以当地的植被和横放在广场上的原木，隐喻了这个地区以林地吸引移民并以木材为经济基础的历史和文化。

3. 增加文化内涵

城市园林是人类社会发展到一定阶段的产物，是一种文化现象，蕴含了人类文化的结晶。现代的园林更是体现了对文化内涵的追求。城市的历史和文化本身就体现着深厚的文化底蕴，城市园林设计中融入历史和文化，能增加园林的历史感和文化内涵。城市的历史具有唯一性，城市历史文化具有地域性。园林可以复制，但园林所包含的文化内涵却不能被复制，它是特定环境下的产物。只有具有文化内涵的园林才拥有真正的生命力，只有文化上的归属感才能真正给人精神上的慰藉。

4. 弘扬城市文化

文化是历史的积淀，留存于城市中，融汇在人们的生活中，并对居民的观念和行为起着无形的影响。现代城市园林因为其面向大众而具有公共性，不仅满足人们休闲娱乐的需求，同时还肩负着弘扬优秀传统文化和展示现代文明风范的重任。城市的历史和丰富的文化是城市历史悠久的见证，是城市重要的物质财富和精神财富，具有感召力和凝聚力，它们对于提高社会的文化素养和思想品味，陶冶情操，激励民族自信心和增强爱国主义等有着极其重要的作用。城市园林中对历史要素的尊重和积极利用，能促进城市文化的弘扬。在现代城市园林中我们常常可以看到刻在墙上或地上脍炙人口的诗词歌赋、取材于历史中有教育意义的典故等。

第二节　城市园林设计中历史文化的挖掘与表达

任何建筑、园林乃至城市，总是在历史发展中被不断改造和完善形成的，因此要受到地理、政治、经济、文化、历史、民族和宗教等多种因素的影响。城市是一种特定的历史文化产物，每个城市都有其独特的地域特点和历史文化，这正是一个城市区别于其他城市的关键所在。当代许多园林设计师在具体实践中，积极挖掘城市中的历史文化，并将这些历史文化中的精髓加以提炼和升华，运用现代园林设计的语言和手法进行诠释，创造了许多独具特色的城市园林景观。

一、现代城市园林设计中历史文化挖掘与表达的原则

1. 地域性原则

城市与其所处的区域之间存在着基本的统一性，一个区域的气候、植被、地形、地貌、资源和物产、历史和人文、民风民俗等元素共同构成了城市的独特环境。文化是人类适应环境的产物，由于各个地区、民族所经历的发展历程不同，所处的自然地理条件各异，因而也就产生了不同的文化，文化在适应环境的过程中不可避免地呈现出一种特殊发展倾向。文化区的划分就是文化地域差异的体现，如在中国，不仅存在着南北差异和东西差异，而且各省之间及各省内部不同地区之间的文化差异也非常突出。而每个城市的历史都具有唯一性，它不可能重复或被复制，因而所有城市在历史的进程中所积淀的历史文化，都具有自己的特征，呈现出明显的地域性，与其他城市的历史文化存在着明显的差异。因此在挖掘城市的历史文化时，要尊重地域性原则。

2. 时代性原则

一个时代所建造的园林，首先是为所处时代的人服务的，园林带有明显的时代烙印。在传统社会，无论东方园林还是西方园林，其服务对象都是以宫廷或官宦等为代表的极少数人，园林明显地围绕他们的日常生活、心理需求和审美情趣而建。但在现代社会，园林是为当代人服务的，是大众的产物，它必须满足现代都市中人们的功能需求、审美、价值观念等，不满足当代人需求的园林，必将随着时代的发展或遭到淘汰或涅槃重生。

现代城市是朝着现代化的方向发展的，生产力飞速发展，生产技术不断创新，因而在现代城市园林建设中，要重视现代技术的应用和时代精神、生产力水平的体现。

二、现代城市园林设计中历史的挖掘与表达

历史是曾经发生过的客观事实，能帮助人们唤起以前的记忆。历史也是城市园林文化脉络的重要依据与线索。

历史是独一无二的，场地及其环境中所蕴含的历史因素使场地具有自身的特征。一个普通的景物，如果不以历史和现实生活为背景，那只是一般的器物，仅有功利方面的作用。但当它与历史事件、名人轶事等相联系时，它就会引起人们特别的注意。园林通常借助于历史的痕迹，赋予自身以意义。如绍兴的兰亭因晋代著名书法家王羲之的《兰亭集序》和曲水流觞的历史典故而闻名于世，醉翁亭则借欧阳修及其所写的《醉翁亭记》而身价倍增。因而园林设计师常从当地的历史文献、历史事件、历史人物中寻找设计的灵感和思路。

1. 事物的某一历史阶段

（1）城市的历史

在城市园林设计中，城市的历史因为包含了整个城市居民的感情而深具感染力，因此常常以此为题材表达城市的历史文化内涵。如吉林市的起源是过去满人的造船厂，吉林旧称"船厂"，在吉林市的"世纪广场"设计中，便取材于城市的发展史，广场的主体建筑设计理念定为纪念古船厂的巨一塔，优美的建筑形式突出了广场主题和历史纪念意义。在上海徐家汇公园设计中，设计师以公园场地描绘了上海的版图，设计了一条弯曲的河流来象征黄浦江，以各组不同风格的景观来象征上海远古的田野、明清的城廓、租界的建筑……以保留下来的大烟囱象征上海的民族工业，一座几乎贯穿东西的"天桥"形象地展示了上海的未来，设计师把上海的过去、现代和

未来巧妙地展示在了园林中。

（2）场地的历史

场地自身的历史也能成为园林设计的线索，因为它具有唯一性，更能有助于园林景观特色的形成。

德国柏林市的荣军公园，其场地见证了柏林的近代发展历史。1834年伟大的普鲁士园艺家彼得·约瑟夫·莱因在此设计了公园；后来莱因设计的公园在战争中被毁掉一半，最后政府决定将公园重建，设计师克里斯托夫·吉罗特参与了设计，在他的设计中以一种克制的态度表现了场地的历史，公园中设计了一个巨大的长方形水池，水池中建了一堵既高又陡的墙，花岗岩覆面的墙体向北倾斜穿过水池直插入草坪之中，以此揭示出颂恩堂废墟所在地，公园北侧边界处种植的成排树木则像是一支等待检阅的部队，设计师以简洁的方式将历史融入设计中，并表现出了这一场所包涵的历史文化内涵及其纪念意义。

2. 历史人物

狭义的历史就是人类社会的发展过程，历史和人有着紧密的联系。人是历史中最为瞩目的部分，在城市园林设计中时常会以城市的某一历史人物为题材塑造景观。如被誉为书法"草圣"的林散之先生的故乡为南京市江浦县，因而南京建设了"林散之书画陈列馆"，并树立了林散之先生的雕像；山东临沂为了弘扬城市历史文化，城市园林中设置了颜真卿的塑像；合肥环城公园中以包拯为主题设计了园林；山西大同御河公园中，以大同历史上的四个著名人物赵武灵王、拓跋珪、冯太后和萧太后为题材，设计了峰碑仰止景点，以山峰的形式表达他们与山川同在。有时也会为某一特殊历史人物建设专门的纪念园，如美国华盛顿的罗斯福总统纪念园。人总是与一定的事发生联系，因此在纪念某一历史人物时，常常从与之相关的事件或事物中汲取设计素材。

中国古典园林中常以建造一座祠堂、亭、塔、桥、纪念碑的形式表达，如在杭州为纪念秋瑾而在西湖畔建造了风雨亭；在西方国家则常以纪念碑或雕塑的形式出现。现代设计师更突破传统的方式，寻求其他表达方法。如美国华盛顿的罗斯福总统纪念园就是一个较好的例子。在设计中，设计师劳伦斯·哈普林摆脱了传统纪念碑式的纪念方式，而是以一系列花冈岩墙体、喷泉跌水和植物创造了四个室外空间，暗示罗斯福总统的四个时期和他宣扬的四种自由，并用雕塑表现每个时期的重要事件，用岩石与水的变化来烘托各个时期的社会气氛。整个纪念园以一种叙事的方式来表达了对罗斯福总统的纪念，同时纪念园也为参观者提供了亲切而轻松的观赏和休息环境。

三、现代城市园林设计中文化的挖掘与表达

1. 现代城市园林设计对传统园林的借鉴和继承

任何艺术形式的出现和发展，必然或多或少地受到传统文化的影响，特别是经过世代积累的传统文化，仍具有顽强的生命力，丰富多彩的传统文化必然有部分成为新文化所不可缺少的部分。传统园林是历史文化的重要组成部分，现代园林设计的发展必定是以传统园林为基础。

（1）现代城市园林设计对传统园林的借鉴和继承

任何设计师都是在一定的社会土壤中成长起来的，必然或多或少地受到传统文化的影响。虽然一代又一代的设计师总想摆脱传统文化的阴影，创造新的艺术，但传统文化还是如影随形。一种新园林形式的产生，总是与其历史上的园林文化有着千丝万缕的联系。由此反映在设计作品中，传统园林为新园林形式和风格的产生提供了基础。

从形式上看，现代城市园林设计中对传统园林的借鉴与继承，首先表现在园林风格上。传统园林在长期的历史"筛选"中被认可，作为固定的形式保留下来，具有相对的稳定性，包涵了特定的涵义，有着不可忽视的魅力。

对传统园林的借鉴和继承并不局限在整体风格，而是更多的在园林设计中引用历史片断。这种手法和后现代建筑中的复古主义和历史主义手法相似，通过历史片断的抽取组合，以达到与传统园林相似的效果。如中国古典园林中的叠石、西方古典园林中的水景等经常在现代城市园林中被引用。如加拿大亚伯达省卡加瑞市的奥林匹克广场，广场中的水面、折线台阶和种植坛、跌水、汀步等明显地带有现代主义色彩。在上海世纪大道设计中，无论是具有明显青砖粉墙抽象特征的街头植物，还是同样具有中国传统特色的不锈钢日晷，也无论是园中简化了的小桥流水，还是有着其他设计原型的街头装饰，都明显地看出对中国古典园林的借鉴。

在对传统园林设计的继承方面，现代园林设计师追求的并不是对过去形式和要素的简单拷贝，而是需要我们对传统园林文化的追溯和探索，寻求具有传统审美取向的精髓，吸收传统园林的文化内涵，并以此作为现代精神的基点进行创作，把它们转化为适应新情况的合适的表达方式。对于设计师来说，就要求他们既要对传统文化有较深刻的理解和感悟，同时也要谙熟现代设计的手法。

在对传统园林的继承方面，我们同时要注意那种"假文化"的现象，即机械地抽取传统园林中的片断，而不加分析地进行拼贴组合。在设计中从历史和传统中借鉴一些形式或内容，这并无非议，但若不考虑时代的需求和特征，将那些历史碎片强行加入新时代之中，它们不但没有延续文化，反而扰乱了人们的时空感。历史文化的传承，园林生命的延续，靠静态地保留旧时代的"园林硬件"，或生搬硬套地拼贴到新时代的园林之中是无法实现的。我们必须在继承的同时致力于传统园林的更新发展，使园林不断满足时代和人类发展的需要，营造人与自然的和谐环境。

（2）现代城市园林设计对传统园林借鉴和继承的具体手法

现代城市园林设计对传统园林的传承，更多的表现在立足于现代的同时如何继承传统园林。现代园林设计师对于园林的传统认知，分为有形的传统和无形的传统，有形的传统包括园林景观的材料、装饰和流传下来的符号等；无形的传统包括园林的观念、思想、审美、文化等。现代园林设计师在传统园林的继承方面进行了积极的探索，表现出了多种多样的继承方式，但总体上可归纳为三类，在具体设计中这些手法常同时穿插、应用于在同一园林设计的不同层面。

1. 传统园林要素的直接引用

传统造园要素在现代园林中的引用，表现为两种方式，一种是把传统园林元素视为形式或符号的语汇库，在设计中选用"只言片语"的传统语汇直接应用于现代园林之中，这种处理方式类似于移植或拼贴组合，使现代园林与历史传统在视觉上联系起来，给人以清晰的"传统"感觉，比较能得到人们的认同。如中国传统园林在古代主要供少数人使用，而现代城市园林等则面向广大市民服务，传统园林的咫尺山林在功能上已不能完全满足时代的要求，但传统园林依然充满魅力，因此一些设计师在城市公园中往往将传统园林元素直接插入其中。我们常常能在现代城市公园或绿地中看到传统的亭台楼阁、通幽曲径、小桥流水，如北京紫竹院公园的箔石园，就是采用了传统的材料和造园手法营造了一处充满传统味道的园林景观。西方传统园林中常见的雕塑、喷泉、水渠、模纹花坛等也常被现代设计师应用在设计中。

2. 传统园林要素的现代表达

保留传统园林的造园素材，但在设计手段上采用现代的手法，这种方式和直接把传统园林元素插入现代园林之中相比有所创新，设计师通过使用传统园林要素，使园林景观给人以熟悉感，而现代的处理手法又体现了时代精神。美国园林设计师丹·凯利是一位融合古典、现代和本土元素为一体的设计大师，在他的作品中，可以看到对西方古典园林的明显借鉴和继承，凯利设计的联合银行喷泉广场，以5M*5M的方格网建立了广场的基础格局，在网格的交叉点上分别布置了落叶杉树和喷泉，重新解构了欧洲古典园林的秩序和几何要素，使城市园林成为历史、现在和未来的连续体。

传统园林是人类历史文化中的重要组成部分，尊重人类文化是提升城市园林文化认同感的前提，而充分发挥历史文化传统，借鉴和继承传统园林设计的语言和思想是提高现代园林改进水平的重要途径。

第三节　城市园林设计中历史文化遗产的保护与利用

城市是一种历史文化现象，每个时代都在城市中留下自己的痕迹，形成了独特的文化积淀，这些历史文化沉淀是祖先留给我们的宝贵遗产。当前对历史文化遗产的保护已逐渐得到人们的广泛认同和重视，各国、各地区纷纷加强对历史文化遗产的抢救和保护工作。然而在城市中却面临着另一个问题，即城市要根据时代的发展需求进行改造、更新，如何寻求两者之间的平衡点成为现代城市建设中面临的重要问题。在城市园林设计中同样面临着这样的矛盾。

一、当前世界历史文化遗产保护的状况

1. 世界历史文化遗产保护的历程

我们的祖先很早就认识到历史文化遗产的价值，从而产生保护和收藏的行为，作为对过去时代的纪念和追寻，以及对逝去时代文化代表物品的珍视和欣赏。但保存和收藏的仅是一些可搬动的器物，而对于历史建筑物及建筑群，非但不注意爱护，而且往往把它们作为过去时代的象征而加以破坏，如中国古代就有项羽烧毁秦咸阳城"大火三月不灭"的故事，西方古代则有中世纪十字军东征时，沿途破坏、烧掠城池的历史旧事。近代工业革命以后相当长一段时期，人们忙于发展生产，对历史建筑及环境的保护缺乏认知也无力顾及，许多历史建筑及历史环境在工业化的浪潮中遭到破坏。而第二次世界大战和忽视文化、割裂传统的现代主义建筑运动也加大了历史建筑及历史环境的破坏。

在经历了许多教训与挫折之后，人们逐渐认识到城市生活中历史建筑所具有的种种不可替代的价值与作用，各国纷纷制定了相应的历史文化保护措施。历史文化遗产是全人类的财富，保护历史文化遗产不仅是每个国家的重要职责，也是整个国际社会的共同义务。

2. 当前世界历史文化保护的状况

当前世界各国根据具体情况，制定了相应的历史文化保护措施。从总体上看，对历史文化的保护，无论在广度和深度上，都在不断地扩展和深化，内容也在不断地增加和丰富。

在保护对象上看，不仅包括那些杰出的、在历史上或艺术上占重要地位的建筑作品和艺术作品，还包括那些具有文化意义的一般建筑、各历史时期的构造物及能作为社会、经济发展的见证物等对象。从保护范围上看，已不再局限于建筑本身。在大的方面已从建筑本身扩大到建筑周围的环境，以及与历史文化和人们当前生活密切相关的街区和城市，如历史地段和历史名城保护；小的方面，已延伸到环境中的各个组成元素，如公园和街道的装饰小品和标志物等。从保护深度上看，已从单纯地保护实体的历史文化遗存到保护具有浓郁地方民俗特色的典型社会环境和历史文化传统，保护和发掘城市精神文明方面更广泛的内容。

3. 世界文化遗产的内容

根据《保护世界文化和自然遗产公约》的规定，属于下列各类内容之一者，可列为"文化遗产"：

文物：从历史、艺术或科学角度看，具有突出的普遍价值的建筑物、碑雕和碑画，具有考古性质成分或结构、铭文、窟洞以及联合体。

建筑群：从历史、艺术或科学角度看，在建筑式样、分布程度或在环境景色方面，具有突出的普遍价值的独立或连接的建筑群。

遗址：从历史、审美、人种学或人类学角度看，具有突出的普便价值的人类工程或人与自然的联合工程以及考古遗址地带。

4. 城市历史文化遗产保护内容

所谓城市优秀历史文化遗产大致包括以下几个方面：法定的各级重点文物保护单位，以及虽未定级但确有价值的古建筑、纪念建筑物、民居、遗址、遗迹，反映城市发展阶段的代表性建筑物、构筑物等有历史价值的风景名胜地，较完整地体现出某一历史时期特色的地段与街区，能够体现历史上城市规划成就及反映城市发展历史的规划格局、风貌特色和空间秩序。除以上实体性建筑的历史文化遗产以外，文化传统也应是重要内容之一。传统的戏剧、绘画、音乐、手工工艺、民族风情、传统物产等都属于城市历史文化遗产之列。

二、城市园林设计中历史文化的保护与利用

1. 城市园林设计与历史文化保护

园林设计在保护历史文化方面起着积极的作用，在城市中主要表现在对文物古迹的保护。在一些古建筑或遗址周围，那些对保存对象不利的位置，常常采用水面、绿化等设计方式使观赏者无法进入。城市中的标志性建筑，或者是历史上残存下来的单幢建筑，常采用孤岛式处理，在建筑周围设计一定宽度的绿化带加以保护。而对于那些濒危的古建筑群，从景观、防灾等角度上均应有一定宽度的绿化带环绕作为隔离物质。

2. 城市园林设计中历史文化的保护与利用

在城市历史文化保护中，更多的是在保护的基础上对其积极利用。

（1）城市园林设计中文物古迹的保护和利用

城市园林设计中文物古迹的保护和利用，对外是宣传自己民族的历史文化，对内是进行爱国主义教育的重要方式和手段。人的文化活动和与之相适应的城市空间结合为一体，能够形成富有生命力的城市文化环境。城市中的文物古迹是城市历史文化的积淀，是宝贵的历史文化遗产。罗哲文先生曾把文物古迹归纳为三个价值和五个作用，三个价值即为历史价值、

艺术价值、科学价值；五个作用即是激发爱国热情和增加民族自信心的实物，是研究历史科学的实物例证，是新建筑设计和新艺术创造的重要借鉴，是文化游憩的好场所，是发展旅游的重要物质基础。

在现代城市中，保护文物古迹常常与开辟城市公共空间相联系。城市中的古建筑、城墙、城门、各种民用或军事设施的残迹，在城市建设中最容易被忽略而遭到破坏，这些文物古迹，在精心的设计下，常常可以为城市的文化景观增添不少生动的，甚至十分富有爱国主义精神的活动空间。在伦敦的圣保罗大教堂外围，划定了保护范围，在紧靠教堂的用地上布置了有特色的绿化，成为颇受欢迎的公共游憩场所。城市中拟定保存的各种文物古迹，常常被纳入到各项公共空间或绿地之中，成为这些专项用地的内容之一，既解决了文物古迹本身的周围环境设计和保护问题，又丰富了城市公共空间的内容。如北京元大都城垣遗址公园就是沿古城墙开辟绿化空间，将遗址保护与公园建设结合起来。这种利用城墙或城墙地带开辟城市绿地的不乏其例，如英国的约克古城墙绿地、北京明城墙遗址公园、苏州环城公园等。在一些城市的旧城区，城市如何更新的问题较为突出，许多城市常在保护文物古迹的前提下，将古遗迹结合绿地建设，形成良好的户外空间环境，为市民提供文化休闲的便利条件，同时改善了旧城环境并降低了旧城的建筑密度。

文物古迹的保护，各个国家、各个地区有相应的法规和文件，城市园林在结合文物古迹建设中，要根据相应的要求进行设计，尽可能多地保存与之相关的历史信息，在保护古迹遗存本身的同时，还要保护相关的环境，把古迹遗存以外的连带部分清除干净的做法是不恰当的，它使古迹成了单纯的装饰物，而失去了一定的历史信息。

利用文物古迹建设绿地或公园，一定要与文物古迹及周围环境相协调。在有些设计中，常常出现不恰当的绿化方式或设施而使文物古迹丧失了应有的历史文化价值。

（2）城市园林设计中废弃地的保护和利用

城市中一些废弃地在城市改造的过程，被改造为城市公园或绿地。受"历史遗产保存运动"的影响，有些工业区及其建筑被认为是城市历史发展的见证物，它们也是一种历史遗迹，同样具有一定的历史文化价值。对这些地区的保护主要在于重视该地区的精神内涵。在具体的设计中，一般分为两种保护和利用方式：一是完全保留场地的空间格局和遗留物，改善场地环境，改变建筑、构筑物以及废弃材料的功能和性质，对其重新使用，如北杜伊斯堡公园；二是完全改变场地环境，只是有选择地保留场地中的一些遗留物并赋予新的使用功能，如美国西雅图煤气厂公园和韩国仙游岛公园。不管设计中采用何种方式，设计师都积极地将场地的过去与现在结合起来，巧妙利用场地的历史要素和特征，重现唤起了人们正在逐渐消失的城市记忆，帮助人们去寻找和揭示城市的历史。

在这些公园或绿地的建设过程中，保护和利用是合为一体的，利用的同时也是在积极地保护。相对于城市园林设计中对文物古迹保护和利用的严格要求，在对城市废弃地的保护和利用方面，设计师则可发挥更多的想象力。

第四章　历史文化资源资本化的转化体系

笔者认为文化资源的资本化就是指通过市场化运作的方式，将文化资源优化配置到各个生产部门，并通过有效的开发与市场化运作，发挥文化资源作用，实现文化价值的经济效益，这一过程就是文化资源的资本化过程。

第一节　文化资本的含义

一、文化资本的类别

按照思罗斯比对文化资本的理解方式，笔者认为可将文化资本划分为两种主要形式，它包括有形的文化资本和无形的文化资本。

1. 无形的文化资本

无形的文化资本，指的是包括一系列与既定人群相符的想法、信念、实践、传统和价值，它常常以公共品的形式在公共领域存在，诸如音乐、戏剧、文学等非物质类遗产。

无形的文化资本广泛地存在于人们的精神层面，这类文化资本具有广

55

泛的文化价值，但却在没经过一定形式的加工之前还无法进行经济交易。随着人们对无形文化资本的价值认同达成一定的评判标准，无形文化资本便拥有了经济交易的基础条件，加之通过适当的加工使其具有物质形式，这样一旦流通起来进入市场便产生了经济价值。

2. 有形的文化资本

所谓有形文化资本，是被赋予文化意义的建筑（通常认为是"文化遗产"）、遗址、山水、艺术品和油画、雕塑及其他的以私人物品形式存在的各类工艺品之中。

有形文化资本的首要特质是具有一定形式的物质载体。与其价值相对应的则并非是物质承载形式，而主要是该类文化资本的文化因素及精神附加。物质载体正是由于其精神意义的附加而使其拥有更高的财富价值。

二、文化资本的特征

文化资本其实是在经济学角度下观察产生的一种现象，也就是说使不具有经济价值的文化价值能够衍生出经济价值来。有形的文化资本，不单只是把它作为一种物质存在而拥有经济价值，它最终实现的价值是存在于其中的文化内涵经济化后产生的价值与原有的物理价值共同结成，而它被赋予经济价值的认定正是因为它承载着文化价值，例如历史古村落、古建筑等。人们在购买文化产品时（如油画、雕刻等艺术品），愿意付出更高的价格去购买，究其原因是因为其所富含的文化内涵所带来的价值，成为人们更愿意购买的理由，而其物质存在的形式价值则是相对较少甚至可以忽略不计。但无形文化资本其本身并非是现实的文化商品，所以无法上市交易，但它们一旦进入市场，开发并生产出适销对路的文化产品，其文化价值便可以转化成经济价值。

文化资本具有共享性、可持续性、可转化性和损耗性四种基本特征。

（1）共享性

文化价值是文化资本能够产生经济价值的根本要素。人们在对一个文化产品或者文化服务进行消费时，可以既享有其带来的文化价值，而同时不会对其原有的文化内涵进行损耗。好比说一部成功的电影作品，在影院中观看的观众人数越多，同时获得较好的评价越多，传播的人群范围越广，这对其所想传达的文化思想越有利，其文化价值的提升就越大，同样其获得的经济价值也就越高。

（2）可持续性

文化资本与自然资本的另一个共同之处就在于两者都具有长久存在的属性且需要持续的管理，即可持续性。文化资本可持续性根本在于维持已有的文化生态系统并承认它们相互依赖，如果漠视文化资本，将会让文化生态系统处于危险境地，甚至会导致文化生态系统崩溃，造成社会福利与经济效益的损失。

（3）可转化性

文化资本本质上是一种可转化的文化资源。文化资本的主体（例如企业）拥有某类文化资本，其原因在于该主体认同此文化资源并具备利用这种文化资源的能力。所以随着时间的推移，文化资本主体若认同更多的文化资源且具备利用这些文化资源的能力，那资本主体可以投入的文化资本也将越多，反之亦然。因此，文化资本的一个显著特征是可转化性，即文化资源可以转化成某个主体的文化资本。

（4）损耗性

像其他形式的资产一样，有形文化资本会随着开发利用或时间流逝而产生物理损耗，需要对他们进行维护或翻新，以维持其固有的文化价值。而无形的文化资本则有所不同，它不会因为不断开发、利用而产生物理损耗，相反会因为长期得不到利用而削减其经济价值，或者由于错误的利用方式扭曲了其原有的含义而受到损害，比如得不到传承的少数民族艺术、技法等。

第二节　历史文化资源资本化的研究模式

一、历史文化资源资本化转化的投资研究模式

（一）历史文化资源资本化的主要类型

明确历史文化资源的资本化运作主体是研究其转化为文化资本的重要前提，不同的利益主体则表明了享有文化资本权利和义务的不同，对其所有权的认定也有所不同。不同的主体在历史文化资源资本化过程中的出发点和利益点各有考量，综合来说在转化过程中主要可归为以下几类：

1. 企业主导型

企业主导型指的是历史文化资源转化过程中，企业作为投资主体，政府只是政策性的支持，并不具有所有权和经营收益权，企业对整个开发过程全权负责。该类型又分为单一企业主体和联合企业开发两类。

2. 社区主导型

社区主导型主体是指历史文化资源所在地的原住村民、传承人群体或版权拥有者机构等，通过创办联合合作社类的集体组织对原有历史文化资源统一管理。该类型其中有可能有政府的开发政策引导，有可能有外来的资金融入并拥有经营权和收益权，也有可能自发组织募集资金进行运作。不论哪种方式，其所有权仍属于社区，经营权、开发权、收益权视具体情况而定。

3. 个人主导型

个人主导型主体多用于投资较少、形态单一的特色历史文化资源开发，例如民间非物质文化遗产中的技艺开发，抑或是传统音乐传人的包装等。但这类开发主体也往往需要得到政府的政策支持。

4. 政府负责型

政府负责型是指资源所在地政府对历史文化资源进行评估后，由政府作为运作主体独立负责历史文化资源的资本转化，从项目的开发到后期的管理完全负责。其中与开发资源相关的基础建设，其他产业领域的配套设备以及经营过程中的运营管理各个方面均由政府独揽，政府对各个环节全权负责，政府则是运作主体。

5. 政企联合型

政企联合型主体主要是由政府搭建平台，吸引社会资本参与投资，并组建由政府拥有所有权的政企联合公司专门负责运营。该类型又分为两类情况：第一种是政府通过政策性引导并配合完善开发所需的基础建设和相关产业的配套设施，并以此成立政府下设的负责企业，政府是主要投资者且过程中拥有绝对话语权，政府拥有主权和管理权，其余参与投资的拥有一定承包权和经营收益权；第二种是由于外来资本的资金投入占比相对较高，政府在联合组建的公司中只拥有所有权和一定的管理权，其经营权和收益权往往在投入资本较多的外来企业手中。但一般政府会对投资企业的经营权和收益权设立年限，不会无限制给予。

上述几类开发主体的分类说明是为了明确在历史文化资源的资本化运作过程中，首先需要明晰的就是对于利益主体的确定，产权主体不同其运作方式和利益出发点都不相同，这也就决定了其转化过程的模式不尽相同。产权明晰有助于历史文化资源的资本化开发，特别是有助于市场化的运作，有助于优化资源配置，提升经济价值。

（二）基于不同类型投资主体的投资模式研究

1. 投资主体为企业的投资模式

由于历史文化资源的开发具有高风险性、高差异性和高关联性的特点，这就需要投资主体做到三方面：第一，投资主体需要具有很高的风险承受能力或具有较强的风险分散或转移能力；第二，由于历史文化资源包罗万象，不同历史文化资源的开发具有极大的差异性，因此需要投资主体针对不同的历史文化资源具有很高的专业性；第三，对于单一历史文化资源的开发多数时候需要与其他产业活动紧密相连，通过行业间合作，以寻求投资回报的多元途径，因此需要开发主体具有较强的综合性并在多个行业内具有较大的影响力。

2. 投资者为个人的投资模式

投资者为个人的投资，多数情况下为该项历史文化资源是由私人拥有或传承的。这种情况下，应当寻求政府的保护政策扶持。目前我国在非遗继承人保护方面做了很多努力，如果对非物质文化遗产进行私人化开发，应该在合理保护的前提下进行资本化运作。由于个人投资者的能力、影响力和资金实力有限，所以历史文化资源资本化的投资模式一般需要与政府或企业进行合作开发。

二、历史文化资源资本化的经营模式分析

历史文化资源的资本化过程是对资源进行创意加工，并结合特有形式表现出来的文化产品或文化服务，综合文化资本的独特特性可以将文化资本基本概括为三种类型的经营模式，即多元化经营模式、规模化经营模式和产销结合经营模式。

（1）多元化经营模式

历史文化资源的资本转化过程中，由于历史文化资源的独特属性，在其生产文化产品的过程中就越来越不是以单一产业领域的形式出现，更多的则是以多种产业形态共同参与到产业链当中，进而形成了在产业链当中逐渐横向延伸的趋势。也就是说关于核心文化产品所相关联的各类产业领域中的企业都形成了一个全新形态的产业价值链，各个企业之间也都形成了一种互相关联、互相协作的协同效应，这也就形成了其资本化过程中的多元化经营模式。

（2）规模化经营模式

文化资本具有共享性的特点，该特点直接影响了很多类型的文化产品，具有边际效益近乎为零的特点。例如工艺美术类产品的生产设计，影响该类文化产品经济价值的是其所蕴含的文化价值，并非是物质载体的成本，而类似于印有传统美术作品挂历这样的文化产品，其物质载体的成本价值可以忽略不计。所以规模化经营模式被广泛地应用于多种类型的文化企业中，包括表演艺术类、数字出版类等领域在内的企业。

与此同时，规模化经营的一大优势就是能够有效地抵御一定的市场风险。因为历史文化资源的资本转化有相当一部分的转化过程同时具有较高风险和较高收益的，但若没有良好的市场反响，该文化产品就会有很大的投资风险，而一般此类较大的风险是普通中小型文化企业无法承受的，所以规模化经营是许多文化企业选择的主要经营模式。

（3）产销结合经营模式

作为文化资源资本形式的文化产品在很多情况下都体现出产品生产与产品消费是同时进行、文化价值产生和文化内涵传播也是同时进行的特征。这种特征也就决定了很多文化产业的经营模式是产销结合的方式，即生产产品的同时也消费了产品。例如表演艺术类的文化产业，其根据文化资源生产出的文化产品就是它所展示出的具体演出内容，演出内容在生产出的同时也被观众消费，与此同时其所要传播的文化价值在观众观看到的同时也被感知。

同时，若是在线性产业价值链形态下，文化产品对产业价值链上下游的依赖性强，若文化企业要获得对该企业核心产品的绝对主导权和利益最大化，就需要对产业价值链的上下游进行进一步的控制，以降低文化产品的生产成本。

三、历史文化资源资本化的业态研究与分析

业态这一说法最早源自日本，简单说来就是企业经营形态的意思，文化产业的业态自然指的就是文化企业的经营形态。按照我国对于文化产业的业态分析归类，文化产业的业态可分为以下几类：1. 文化艺术；2. 文物修缮保护；3. 报刊出版、印刷和发行；4. 广播、电影、电视；5. 摄影及扩印；6. 园林；7. 广告。同时，随着科技的不断进步，信息技术手段的不断提高，在文化产业的发展过程中科技的融合和市场需求的不断变化下，历史文化资源在资本转化过程中所产生的业态模式也会相应地发生变化，形成原有文化业态的融合、升级或是生成新的文化产业业态。新的文化业态形式既源自传统的业态又不同于传统业态，新业态的形成多数借助当于下高新技术。

同时，当前的文化新业态形式也出现了一定变化，相较之原来，文化产业中依据历史文化资源进行资本转化的单一途径，已经逐步转化为不同形态的全方位合作新途径。这里就历史文化资源的资本化业态分析来说，其文化业态目前可分为三类：

一是借助高科技手段的应用，将价值链中不同领域的文化产业进行有机融合，进而形成全新的业态。例如动漫产品、网络游戏等就是此类全新业态。历史文化资源的文化产品开发设计在其原有的文化价值中进行提取，结合全新的高科技手段和创意开发出全新的文化产品，这类文化产品的特点是由于其在不同领域的相互交融，能够实现产品创意、生产、推广三个环节的有机统一。例如一款网络游戏的开发，借助历史文化资源中的故事情节和人物原型，加上民俗、传统等非物质文化遗产的无形文化要素，设计出最初的游戏任务、游戏场景甚至还有游戏的故事情节等，再将当前的数字化技术手段运用到人物、场景、绘图设计中，同时结合当下的游戏市场需求及游戏玩家的水平对游戏的任务、关卡难易程度等进行创意性设定，最后通过互联网平台、智能移动端设备将其传播，最终形成一个完整的网

络游戏产业价值链。这一过程凝结了传媒产业、计算机产业和数字信息技术产业，并涵盖了文化艺术、工美设计、媒体、网络等不同行业，最后将其紧密地结合在一起。

二是传统的依据资源本身的特性而选取的较为常态的资本转化开发业态。例如旅游观光、节庆活动、书报出版、表演艺术、工艺美术设计等传统开发业态。历史文化资源由于其资源的特性，不同种类的历史文化资源会有相对更为匹配的业态，例如历史文物遗迹类的历史文化资源更适合将其开发为旅游观光的景点，因为许多历史遗迹本身就包含着许多风光秀丽的自然山水景观。同时历史遗迹中大多存在许多不一样的文化风貌，这种文化内涵则是以保存下来的实际物质形式展现的，这明显异于人文风貌，这些特点都是直接形成旅游业态的关键因素。再例如书报出版形式，许多古籍文献类的历史文化资源由于本身年代久远，许多文字字体形态不同，表达方式不同，所引用的例子也都不同，加上其珍贵的文化价值和研究价值是不能任人随意借阅的，此时将其大意按照当下共同的文字表达方式、思维理解方式等进行重新编辑出版，这样既可以传播历史文化资源的文化价值，同时也使其产生了经济价值。传统的表演艺术形式更是如此，以非物质文化遗产的曲艺来说，利用传统的表演形式，传统的戏曲片段，提供合适的场地即可完成一次文化消费，这也是表演艺术类的传统业态。

三是将原有的传统业态形式进行融合、升级，形成了更复合的业态形式。例如休闲会展、主题公园、文化旅游等业态形式。这一类业态形式是在原有的传统资本化已经形成的业态基础上借助一定的技术手段，符合当下全新的市场需求，将现有的资源进行有机结合的业态。以休闲会展来说，会展本身就是需要一定的交通便利条件和完善的会展场馆基础设施作为基本前提的，如今的休闲旅游项目都将交通、住宿等配套作为其开发的重要前提，历史文物古迹类资源周边本身拥有丰富的文化氛围、特有的自然风光条件、厚重的历史积淀都非常适合会展活动的举办，这种业态形式既可以弥补历史资源型旅游景点存在的旅游淡季问题，又使会展活动具有特别的意义。再如"文化旅游"这种升级的业态形式，就是以旅游为核心融入相匹配的其他传统业态，打造类似"旅游＋演艺""旅游＋影视"的联合产业业态。具有代表性的就是由张艺谋团队精心编排的"印象系列"，该形式深入挖掘文化产品的原生态、地域特色和历史、文化内涵，借助桂林的品牌效应和游客人数众多的优势挖掘潜在客户，配以诸多文化艺术娱乐基础设施，并在随后生产衍生产品，拓展经营范围，围绕核心文化资源多角度发展，据不完全统计，"印象系列"其累计营业收入已接近5亿元，这也掀起了全国的实景演艺开发。

综上所述，历史文化资源的资本化，需要根据历史文化资源的分类，结合各类历史文化资源的不同特点，利用新兴的科技手段，围绕市场的需求和当下的审美标准，产业的变化趋势等，来选择不同的业态形式进行资本化转变，实现其资源的经济价值和文化价值的有机统一。

四、历史文化资源资本化的产业价值链形态研究

（一）文化产业价值链的特点

文化产品的价值链相对于制造类产品的价值链而言具有以下特点：

1. 复杂度高

首先，文化产品的生产不是简单的复制过程，这一过程极具创造性、多样性，同时为了能够达到同一文化资源实现反复产出的目的，通常需要借助一个上下游联动的产业链条。在完成产品创造后，对于产品消费者的接受程度也存在很大的不确定性。

2. 敏捷性好

文化产业价值链是动态的，文化资源转换为文化产品后市场能够较快地对所开发的产品作出反应。这也就要求了对于历史文化资源的开发需要频繁的创新以适应市场的要求。

3. 交叉性强

由于文化产业价值链的供应端和需求端都是多元化的，文化产业价值链是网状的。这形成了交叉结构的价值链，增加了运营的难度。

（二）历史文化资源资本化的产业价值链形态分析

在基于历史文化资源转化为文化资本的文化产业开发中，依照文化产业发展中形成的不同产业价值链形态，并结合对众多产业价值链形态分析后，将历史资源型文化产业的价值链总结为两种形态：网状价值链形态和线性价值链形态。

1. 网状价值链

从营销的角度来分析，历史文化资源在其转化为文化资本的过程中会经多个已经成熟的不同文化产业领域企业共同参与，这些文化产业领域多是已经拥有了属于自己的独特内涵，但是其作为历史文化资源资本化过程中的部分参与者，是无法单独承担其资本转化的，需要多个不同领域的文化产业企业来共同参与、协作分工。但是由于不同领域的文化产业虽已相对独立，但多个领域之间在历史文化资源转化中存在着十分紧密的关联，特别是当下信息技术手段的提升加强了产业间更为密切的关联，所以企业之间在这一转化过程中相互影响、相互作用、分工明确、相互协作，并形成了类似于网状一样的完整产业价值链形态。

2. 线性价值链

从以产业分工的纵向角度来分析，在历史文化资源资本转化的过程中，从产业上游对历史文化资源的分析和选取，到结合资源进行创意加工，到文化产品或服务的运营，到文化产品或服务的推广及衍生品生产，他们之间通过产品生产和产品运作的角度来进行产业链之间的协作，属于单线性的价值链形态。其中结合创意时应注意的是，需要考虑在技术层面的进一步挖掘，全新的技术解决方案会使同样的历史文化资源产生新的产业业态，对历史文化资源的经济价值增加有很强的助推作用，会极大地促进历史文化资源的资本转化进程。同时版权贸易的平台搭建也会对其经济价值增长有着助推作用，应对此环节重点开发。

五、历史文化资源资本化的转化研究

历史文化资源资本化的过程，是以历史文化资源为基础的价值增值的过程。在这一过程中，需要经历多个基本环节，将其归纳为一个核心、一个增长点和两个模式。

一个核心指的是在资本化的前期，第一个环节是对资本化对象即历史文化资源的策划创作环节，这一环节可以称之为文化内容的生产阶段。在文化产品领域，产品的内涵决定了一个文化产品是否能够在市场上存活，也决定了其后期的衍生开发程度和产业链的长短，这是文化产品的命脉。内容的生产注重精神性和创新性，创作出能够符合社会需求的产品，是文化资源实现增值的第一步。

一个增长点指的是在资本化的中期，已经产生出文化产品后，对于文化产品的延伸开发是历史文化资源资本化的又一个经济价值增长点。目前我国文化产业发展迅速，多种业态形式均在逐步成熟。对于文化产品，如果单一的对其本身进行经营，而缺少对其延伸的开发，将使得文化产品的生命周期短暂，或导致产品单一，缺乏市场竞争力。为避免这一问题的出现，对文化产品的延伸开发至关重要。

第一个模式即资本化运作的投融资模式，历史文化资源的开发需要大量的资金，这源于历史文化资源的特点。由何种方式进行有效融资以保证持续的资金投入，是整个资本化过程的关键性环节。

第二个模式即为经营模式，在前期所有的环节已经完成的情况下，如何将成功开发的产品推向市场，并最终成功完成资本转化，获得价值增值，则需要依靠成功的经营方式。将文化产品成功推向市场，并满足市场要求，获得消费者的认可，这是资本过程的最后一个环节。

六、历史文化资源资本化的发展途径

将在历史文化资源转化为文化资本，可以依照产业价值链的不同形态进行转化。而在资本转化的过程当中，不能仅仅依托于单一产业，因为历史文化资源的特殊性，它在资本转化后所形成的文化产品和文化服务属于特殊产品，这就应该要着力推动依照历史文化资源形成文化产业的网状价值链，加强相关领域产业的相互协作、相互联系，对在资本转化过程中形成的各个领域的文化企业进行整合。同时在产业价值链中的重要环节内容需要特别重视，因为重要的环节是整个资本转化的关键点所在，也是决定着历史文化资源是否能够成功地转化为文化资本的要素，所以要以重要部分带动整个产业价值链的良性运行。就如何对历史文化资源进行资本转化，总结来看可以采取以下三种不同的途径。

（一）探究文化内容的转化途径

历史文化资源的各类形态中不乏大量的文化内容存在，其资本转化的过程可将其中具备可转化条件的文化内容进行提取，以此为蓝本通过结合符合其定位的产品形式形成文化产品或文化服务，所以文化产业又可以称得上是"内容产业"。历史文化资源中包含大量的经典故事，这些都是文化资源转化为文化资本的宝贵财富。2015 年获得一致好评的国产动画电影《大圣归来》，其内容就是取材于我国四大名著《西游记》中唐僧师徒去西天取经的故事，在该产品生产过程中借助原有的家喻户晓的故事，以全新的角度对原有故事进行讲述，加之创意的表现手段，塑造了一个可爱的、不屈不挠的唐僧形象和一个虽然顽劣但善心仍存的孙悟空形象。这一创意改编正是契合了当下对于该故事解读角度转化的精神需求，既没有过分背离原著内容，又将其中的一个片段进行了创新。该电影自上映之后最终取得了 9.56 亿的超高票房，而该部电影则是一个以内容产业为主导，借用历史文化资源转化为文化资本的成功案例。

历史文化资源中往往都饱含大量的文化认同，根据其内涵的不同所饱含的文化认同范围也有所不同，有些是区域性的，有些则是全人类的文化认同。历史文化资源中所蕴含的文化价值除去其狭义的文化内涵之外，更有对其包含文化内容的一种认可，对人们的一种共同历史记忆的唤起。"平遥中国年"就是以平遥古城为活动举办地点，借助其出色的品牌效应和悠久的历史文化资源内涵举办活动。

（二）利用版权贸易的转化途径

历史文化资源的资本转化中有相当大比重的经济价值得益于知识产权的有力保障，利用文化版权将以历史文化资源为基础开发的文化产品或服务纳入法律保护范围，以此来保证文化产品或文化服务的"他人使用需付成本"的权利。

虽然文化版权产业作为文化产业价值链的后端，但此环节却是一个非常关键的环节。因为开展文化产业的贸易交往，版权的保证将是获取经济价值的关键制约，例如在非物质遗产的资源开发及资本转化过程中，由于非物质文化遗产的资源特殊性，其非物质的形式是较为容易地被他人随意使用，进而借助其谋取经济利益的。这时文化版权保护将是对创作主体或产品主体权力的有效保护。又如博物馆的馆藏文物、古籍等，因其饱含文化价值和社会价值，需要被社会高度保护同时也应提取文物、古籍中的文化价值和精神内涵，按照一定的设计理念进行衍生品设计，既可以促进人们与文物之间的距离，又可以提高该历史文物资源的经济价值，使其作为一种资本产生新的价值。

（三）利用新型科技手段的转化途径

自进入 21 世纪以来，以数字技术为主的科技手段不断发展，并影响了人们生活的方方面面，这一时期也同样是产业升级变革、融合发展的关键环节。在历史文化资源转化为文化资本的过程中，科技手段的应用是文化产业线性价值链形态当中的重要环节。高新技术手段在文化资源转化的过程当中主要应用了数字化、网络化、全息投影和交互设计等方面，这些高新技术的应用对历史文化资源的资本转化将产生巨大影响，这将促使原有传统的转化形式进行产业升级、业态更新，这也是文化资本转化过程中的一种重要途径。

高新技术在文化资本转化的过程中所产生的影响主要体现在两方面：第一是将高新技术应用于文化产品的生产环节，这一环节中借助高新技术手段融合原有的历史文化资源，将提供一种全新的文化产品或文化服务；第二是在文化产品或服务产生之后进入市场流通环节时，这一环节中借助高新技术手段在文化产品或服务的传播、推广过程中进行利用，更为有效地进行产品运营。我国陕西省西安市曲江新区的大唐芙蓉园是我国西北地区最大的文化类主题公园，该主题公园中最具人气的招牌娱乐项目就是以激光、音乐、水幕投射等诸多科技元素为创作手段的《大唐追梦》水幕电影。该电影是以我国历史上的唐朝历史为背景，在创作阶段借助激光、火焰等高新技术，将唐朝的历史文化缩影以水幕为投射背景进行放映，形成了全新的一种文化产品形态，这也是历史文化资源在资本转化过程中借助高新科技手段生产文化产品的成功案例。

伴随着以互联网、智能手机和移动终端为代表的数字化技术的不断普及，历史文化资源在成为文化产品之后的市场推广环节也依据高新技术不断探索出新的渠道。数字化的不断推广和普及，也建立了多种不同渠道。文化产品在全新的数字化背景下，其原有的经营方式和推广渠道也随之变化。例如一部历史题材的电视剧由原本只能够在家中电视机前观看，到如今的利用移动互联网在视频网站上观看，再到我们随时随地用手机等移动终端进行观看，并且由于社会节奏加快，其原有观看时间被无形压缩，人们无法再如十年前一样每晚坐在家中等待电视剧开播。这种传播渠道的变化也提醒了我们，在对历史文化资源进行资本转化时应着重考虑文化产品生产时当下消费者的实际情况，不应照本宣科地按照固有思维一味地认为文化产品的生产应是以创作者的角度为主进行的。再如，数字出版的兴起正是对原有文化资本转化途径的全新开拓，原有的传媒出版行业不能再以过往的思维认识出版途径，数字化技术的不断进步带来的是时效性和便捷性，是对原有途径的一种冲击，也对文化资源的开发者提出了更高的要求。

第三节　文化资源资本化的基础

一、文化资源资本化的学术基础

（一）戴维·思罗斯比的文化经济学理论

思罗斯比的理论是在文化资本理论领域的进一步探寻。他认为首先突出广义的文化本身是具有价值的，并称之为文化价值，他这里所指的文化可以概括为人类生活共同形成的要素，好比说一个地区的语言是当地文化传承的象征，一本小说或者诗歌中所提及的某个场景则会勾起读者共同的联想，一个历史文物古迹则是其遗址所在地甚至是全人类的重要精神延续等等，这些都是以文化载体的形式承载了文化价值。思罗斯比进一步说明文化价值和经济价值虽不等同，但是它却和经济价值有着很强的关联。同时，思罗斯比认为文化资本具有两种表现形式，且均可以产生经济价值，这里提到的文化资本则可以视作是他在经济学角度观察的文化资源。

思罗斯比文化经济学理论的重要性在于对文化资源的文化价值和经济价值分别进行确定，但其中一方能够对另外一方施加影响，且文化资本中的文化价值和经济价值是相互联系的。这也就说明了文化资源可以作为一种具有经济价值的资本通过一定的方式和手段转化为文化资本，并在流通中产生经济效益。

（二）李向民的精神经济学理论

我国学者李向民教授在国内率先提出了精神经济学这一重要学说，他在《精神经济》一书中谈到了精神经济的理论体系，并作出了详细的概念界定，他认为精神因素将成为未来经济活动的主要影响因素。以精神产品为代表的精神经济时代正在改变原有的产业结构，成为经济发展的主要推动力，未来人类即将面临的会是一种全新的精神经济时代。李向民教授认为，精神因素始终贯穿于一切经济活动当中，在物质经济时代精神因素对于经济活动的影响并非是直接的，而是一种潜在的影响，但是当物质经济水平高度发达之后，精神因素的影响力将改变经济发展走向。

这里所提到的精神因素也可以简单地理解为非物质因素，主要是指在以使用价值为前提的物质经济领域所不具有的精神资源，虽然精神经济中所指的精神资源被解释为知识、智慧，其内涵可延伸为广义的精神及文化层面都可以视作一种经济资源，而这种资源正在逐步成为推动社会经济发展的主要力量。这一理论也是对文化资源作为一种经济资源可以用于社会生存、社会流通，进而转化为文化资本的一个有力的理论支撑。

（三）布迪厄的文化资本理论

布迪厄的资本理论将资本划分为三种基本的类型，包括了经济资本、文化资本和社会资本，并在其论述中明确地指出了文化资本可以在某些条件存在的情况下转化成金钱形式。布迪厄在其《资本的形式》一书中针对文化资本提出了完整的理论概念，他提出了文化资本存在的形态同样分为三种类型，即身体化的形态、客观化的形态和制度化的形态。关于文化资本的理论，布迪厄认为文化资本作为一种劳动成果广泛存在于生产领域中，虽然其内容是文化，但在形式上却拥有资本的特性。他认为文化资本是一种文化形式的资本抑或是一种资本的文化形式，它存在于私有制的社会基础之上，以私人占有为前提，被视作社会中获取资源的重要工具和一种强制性的力量，并在社会中无处不在。

布迪厄认为，人类社会是一个文化世界，人类的劳动既创造了财富，也同样产生了资本，这种资本并非是指物质化一种形式，还包括非物质化的资本。

布迪厄文化资本理论的重要性在于它虽然是站在社会学的立场看待文

化资本的，但他关于资本范畴的进一步认识是文化资源能够被资本化的理论前提，这使得在之后的研究中可以对经济学范畴中原有的资本概念进行深度的思考。特别是布迪厄对文化和资本的理解，他认为文化同样可以作为一种资本形式，指明了文化资源资本化后所形成的文化产品或文化服务是一种资本的形式，同样拥有资本的一般属性，更是指明了文化资本只要在一定因素的影响下就可以进行生产与再生产，这一理论观点是文化资源资本化的重要理论支撑。

二、关于文化资源与文化资本区别的研究

首先，资源不等同于资本。资源只是表明某一事物具有某种价值，而资本则是能够进入市场，通过流通形式获取效益，产生价值增值并能取得一定的回报。由此可得，文化资源并不等同于文化资本。文化资源只有进入社会生产中，经过创意开发、文化生产，及在文化产品生成后的经营推广等一系列运作活动后，才会产生持续的价值增值效应。

具体来说，文化资源是其资本转化的前提和基础，而文化资本是一种以实现经济价值为目的的资源利用开发的结果，是文化资源实现产业化的价值体现。在文化资源实现资本转化过程后并会产生新的文化内涵，生成新的文化资源，两者相互影响，推动文化生产力进步。不论从哪个角度解读，文化资源都是构成文化资本的核心要素。同时，值得注意的是，并非所有的文化资源都可以转化为文化资本的形态，或者说并非所有的文化资源都具备相应的资本属性，能够进行产业化经营。

（一）文化资本反作用于文化资源

文化资本是文化资源实现其经济价值转化后的表现形态，是市场化与产业化的成果。而文化资源的资本化过程同样是文化再生产的一个过程，会产生全新的文化资源，这一轮回是文化资本对文化资源的一次反作用过程。但在这一过程中应该值得人们注意的是，文化资本对文化资源的反作

用并非全都是积极的，因为资本化过程中可能带来的过分市场化因素有可能对文化资源有所损耗并产生不良影响。因为市场总是以利益为导向，在资本转化后其原有的经济价值被开发、放大，其具有的文化价值在市场环境下将会随之被削弱，这就有被经济价值过分影响的潜在风险。例如对一个历史文物古迹的资本化运作后，其原意是借开发以保护原有资源，而运作主体为了将其经济价值最大化而过分开发、过分开放，使原有宝贵的文化资源面临更大的生态压力进而遭到破坏，这就是文化资本对文化资源的消极作用。

（二）文化资源是转化为文化资本的基础

文化资源所具有的文化价值，是其作为一种资源能够被转化为文化资本的重要前提条件，而文化资源的文化内涵也是满足人们精神需求的重要价值存在。也正因如此，文化资源带有一种人们渴望获得精神满足的重要素材来源，而人们想要获得这份精神满足，不能仅仅依靠对原有文化资源的单纯接触。因为文化资源的特性决定了它无法满足大量的人们对其重复的使用，只有通过资本化途径运作之后，将其转化为一种资本，再依据特性有针对性地开发为文化产品，进入到消费阶段，人们就可以对文化资源进行购买消费，也就是精神消费。这时的文化资源经过转化后作为一种资本则可以满足人们的精神需求，而这也说明了文化资源资本化的必要性。同时文化资源只有在通过资本转化后才能成为一种资本形态参与到市场流通之中，不断地实现经济回报。

三、文化资源资本化的动力基础

在文化资源转化为文化资本的过程中，由于二者之间的相互渗透、相互作用产生了具有文化价值和经济价值的双重价值产品或服务。这一过程离不开在转化过程中其固有的动力要素，并以此为基础形成的推动力机制，这些动力要素是文化资源能够转化为文化资本的必要内在条件和理论基础，而形成的动力机制也是文化资源能够成功转化为文化资本的内在保障。笔者认为构成文化资源资本化动力的因素有两个方面，一个层面是属于文化资源资本化的内部转化动力，是一种原生动力；另一个方面是属于文化资源资本化的支持动力，是一种影响动力。

文化资源的资本化动力机制，即推动文化资源转化为文化资本的力量，笔者认为文化资源的资本化动力特征包含以下几种：

（一）文化资源资本化的动力特征

1. 追求经济价值

伴随着社会生产力的不断发展，人民生活水平的日益提高，人们在物质需求得到满足之后，对文化需求的不断增长是当下人们明显转变的需求趋势，并且其增长的速度正显著提升，这种新的需求更能够带来可观的经济价值。文化资源在进行创意开发，进入市场流通后所能带来的经济价值增值效应是运作主体想要进行文化资源资本转化的重要动力。而在文化资源的资本化过程中，作为主要运作主体的企业在文化资源资本化过程中对经济利益的追求，驱使原有文化资源进行资本转化的最重要原因。文化资源的资本化，是将原本具备使用价值的文化资源转化为具备经济价值过程，产生经济价值是资本化过程的内在需求，也是以作为主要运作主体的企业所首先考量的要素。文化资源经过创意等特殊手段的融合成为文化产品，再经由市场化运作后，把生产的文化产品进行流通成为文化商品，这一过程有效地实现了文化资源的经济价值增值。同时，已转化为文化资本的文化资源也具有了价值再生的特点，可以继续产生新的价值，对于企业来说实现了其追求利益最大化、降低成本的目的。

对于文化需求的不断扩大构成了文化资源向文化资本转化的根本动力。伴随着文化需求的产生，政府、企业或个人等多种运作主体通过创造性地开发，形成了以满足人们文化需求为目标的文化产品创造系统和资源形态转化增值系统。市场需求是文化资源资本化的起点，也是文化资源资本化的根本原因。

2. 推动文化发展

物质产品的不断丰富是全球文化、经济逐步一体化的重要基础条件，更是有力的推动条件。满足物质层面的需求之后，对于"文化"的需求则成为人们新的需求增长点，"文化"的需求更是逐步替代原有的物质需求成为当下的主要需求。此时人们对于文化的要求也伴随着社会的发展不断变化，变得更加的深入化和宽广化，文化已经从最初的个人化精神需要逐渐演化成了一个民族共同的文化溯源，成为一个民族共同的文化认同，这也展现了对文化更高的要求。文化资源以开发本民族的共同资源为前提，以多种形式的文化产品、服务为载体，满足人们精神文化需求的同时，也使得人们形成对民族文化的认同感、使命感。文化资源的资本化不仅满足各类人群精神文化生活的基本需求，同时也是社会不断开放，市场不断进步的一种表现。

任何一种文化资源都有着其不可替代的文化价值和社会价值。文化资源特别是历史文化资源，所具有的资源稀缺特性以及公共性都决定着该类文化资源拥有着远大于当前经济利益的价值，特别是文化遗产一类的文化资源，其所包含的历史文化和精神内涵能够有效地帮助人们追寻历史的足迹，并向其中优秀的传统文化学习。正因如此，许多文化资源由于其自身特性无法有效地进行传播、传承，而文化资源的资本化途径可以有效地促进该类文化资源更好地进行传播和推广，使文化资源可以在市场上进一步流通，这对文化资源中的精神内涵、文化传统起到有效的传承作用，进而帮助其进一步发挥社会价值和文化价值。

3. 信息化技术的发展

当今的时代是信息技术化的时代，信息技术不再作为一种独立的科学，而是作为一种融合手段进入市场中，以各种方式被广泛应用于社会生产的方方面面，并在各类产业中有效地推动着产业升级、转型，这不但改变了原有的消费方式，也进而改变了产品的生产方式，同样也给各行各业带来了巨大的经济效益。

文化资源因其所存在的诸多特性，加之以往对文化资源的资本转化缺少柔性元素助推的缘故，使其在转化过程后存在与当下市场不够契合的问题。不过在科学技术的不断发展下，数字技术手段和信息化程度的不断提升，诸如网络互联、3D 技术等先进科技手段为文化资源转化后的产品形态提供了全新的形式选择，并借助科技产生出多种新兴文化业态的样式，例如网络游戏平台、网络音乐平台等。所以在全新的数字生产背景下，借助科技因素，也是文化资源资本化过程的重要转化动力。

同时，文化资源资本转化后产生的文化产品若进入市场，以信息技术为主的科技手段则会为其产品的营销提供有效的传播渠道，例如在产品推广和包装过程中利用各类媒体资源进行传播，集全方位的传播渠道于一身并将产品以数字化的手段进行创意整合，从而达到营销整合。

科学技术的快速发展可以助推文化资源资本化后的全新文化业态形成，对产业全新的文化产品和文化服务有着重要的推动作用。

（二）文化资源资本化的动力机制

文化资源资本化的具体展开间并未有直接的关联，但由于这四种驱动要素的影响，形成了文化资源资本转化的有效推动机制。在此机制中，又可以将四种驱动力要素按照资源转化过程中的推动能力划分为文化资源资本化的内部推动力和外部推动力。内部推动力包括：追求经济利益动力和文化发展动力，这是以文化资源内部转化的角度来进行分析的，属于机制的内部驱动力；外部的推动力包括：科学技术动力和政府政策动力两种，这是以外部支持角度进行分析的，反映了文化资源资本转化的外部条件以及影响因素，属于外部驱动力。内部与外部驱动力共同构成了文化资源资本化的动力机制。

文化发展动力促使文化资源进行资本化转变，将文化资源转变为能够获得经济价值的文化产品或服务，使文化资源当中的文化价值、社会价值乃至经济价值更为广泛的发挥，以更易被人接受的产品形式进入市场，进而推广文化资源的精神内涵，发展文化影响力、满足市场对文化的需求。同时在资本转化后市场给予原有的文化资源价值增值的反馈，特别是经济价值的增值是对文化资源资本转化的有效推动，也是激发文化资源资本转化的主要动力因素之一。

科学技术动力是文化资源资本转化过程中重要的外部支撑条件，科学技术的发展对文化资源的资本转化有着重要的影响，文化产品或文化服务的创意性越来越依靠科技手段的支持，许多文化资源只有在科技的支持下才能更好地完成资本转化，因此该动力因素也成为不可或缺的外部动力因素。政府政策动力则是一切文化资源资本转化的保障性因素，这种动力虽然是整个机制当中的外部动力，但却影响着转化环节中的方方面面，同时政府政策的支持更是对许多文化资源转化运作的重要引导。

内部动力要素是整个资源转化过程中的主要方面，它起到决定性的引导作用，是文化资源转化为文化资本的根本推动力，而外部的动力要素是对整个转化过程的有力保障和积极推动，它对内部动力要素的有序、顺利进行有着极大的助推作用，内部动力要素和外部动力要素共同形成了文化资源资本化的推动机制。

四、文化资源资本化的基础

（一）拥有做好全方位保障工作的基础

应该做好文化资源资本化转化的保障工作，其中包含了在文化资源资本化过程中的政策保障、资金保障、社会保障三方面。政策保障就是在项目成立前应该了解当下国家相关的法律法规，主要是安全性保障的法律法规和区域鼓励性的法律法规。这体现在项目的具体实施过程中对于解决遇到各种实际问题的根本保障，同时区域鼓励性法规则是对于项目实施过程可能会遇到的阻力进行有效的化解，保证其顺利进行。资金保障就是项目在成立之前应对相应的项目规格进行适当的评估，在实际操作过程中应有相当的资金作为支持，因为文化资源的资本化过程是一个高投入且长线回报的过程，所以前期充足的资金保障是项目顺利进行的重要因素。社会保障则主要体现在利用的文化资源（特别是历史文化资源）所在区域的社会、团体及个人的接受程度，因为对原有文化资源进行资本转化一定会对文化资源的原有状态进行变革，要改变其状态就需要与资源所在地的社会、团体以及原资源所有者进行有效的沟通，合理谈判，解决不必要的阻力因素。

（二）拥有可以转化为商品的前提

一种历史文化资源若需进行资本转化，必须要有能转化为消费者可视、可听、可感、可体验的产品或服务的前提，没有具体的产品或服务作为其转化载体，是没有办法直接让受众去感知和接触文化资源的。其次，要进行转化的历史文化资源本身要符合当下社会和市场的价值认同，要能够激发消费者去消费、体验的冲动，使之成为消费市场中流通的商品。例如，某些受到保护的历史文化资源，不能够自由地在市场中流通，则不能够成为资本化对象。

（三）清晰的产权界定

在对文化资源资本化过程前应做好文化资源资本化之后的产权界定工作，这也是最为重要的前提工作。因为文化资源的产权问题将直接决定文化资源资本化后，其在市场流通中所产生经济效益的归属问题，这是文化资源资本化开发首要考虑的前期工作。应该按照法律的规定和当下社会所达成的基本共识来做。

五、文化资源资本化需遵循的原则

（一）兼顾传承文化和创新模式共同发展的原则

历史文化资源本身所承载的悠久历史传统和宝贵文化内涵是其最具有

价值的部分，这意味着对历史文化资源的开发需要注意保护其珍贵的资源。然而在当下科技发展迅速、社会节奏加快的现实状况下，对于历史文化资本的开发既要承担起保护历史传统、传承历史文化的使命，又要以结合当下时代的创新形式进行转化。历史文化资源承载了大量的历史传统，这是人类珍贵的精神瑰宝，这些宝贵的历史资源需要我们进行有效的传承和发扬，将历史文化资源转化为文化资本的过程中就要考虑到对传统文化的传承，转化之后的文化资本需要对传统文化在更多途径进行弘扬。同时，历史文化资源所蕴含的传统文化是在当时独特的历史环境下形成的，具有很强的时代特征，如若生硬的转化为文化资本则很难得到当下社会的价值认可，所以要以结合当下时代的审美、价值观为前提，以打造人们喜闻乐见的产品为创造思路，再以历史文化资源特有的文化内涵进行创意创新，这样的文化资本转化才会是有意义的，才会使历史文化资源产生价值增值最大化。

（二）兼顾经济效益和社会效益同时发展的原则

文化资本相较于一般资本来说，除了具有产生价值的经济属性之外，同时还兼有社会属性。文化产业的发展不同一般产业，究其原因是文化产业的产业形态是以文化产品或服务为核心的，文化产品或文化服务的核心价值出自该产品或服务本身所附带的精神内涵，这种精神内涵具有很强的意识形态主张和价值导向性。当这种产品或服务被消费者消费时，也是精神内涵转移给消费者的过程，十分自然地形成了对意识形态的引导。这种意识形态对于引导社会舆论和群众心理十分具有指向性。鉴于以上特征，文化产业的发展与其他传统产业既有共同的特点，也有区别于一般产业优先发展社会效益的特点。所以，在文化资本的转化过程中一定要在正确的价值引导下转化，其最终所产生的文化产品或文化服务也必须以积极引导的特征为前提，不能为了追逐经济效益的不断附加而没有底线、任意为之，最终使得一大批"垃圾文化产品或服务"流通于市场，造成社会精神的偏离，置社会价值于不顾。

（三）具有科学的选择性开发能力

在文化资源具体的转化过程中，不同类型的历史文化资源拥有较大的差异，其表现形式、文化内涵、转化过程各异，在实际的转化过程中针对不同的文化资源应该进行科学的选择性开发。对于那些实物化的，比较直观、单一，具有实用功能的文化资源，比如少数民族服装的佩物、装饰品等，适合就其本身的应用功能在风格方面进行模仿性生产，同时在质地、色彩、图案等方面进行艺术创新，满足人们个性化、多样化的需求。而对于那些具有教育功能和观赏功能的文化资源而言，其开发必须进行价值判断，尊重这类资源所蕴含的民族精神财富，开发其符合时代要求的内容，最大化地突出文化资源本身的特性，保证其最优面能够在转化成为文化资本后依然可以体现，其独特的文化内涵是占有市场的根本保障，也只有如此才会更易被市场所接受，使其价值能够最大化。

第四节　关于历史文化资源资本化的建议

一、开设信息分享平台，合理运作历史文化资源资本化市场

历史文化资源由于其门类众多、范围较大，加之特有的区域性特点，往往使得研究人员与开发者在欲获取资源的时候出现一定的困难。在开发历史文化资源时由于信息沟通不畅，导致的不能及时分享信息资源是阻碍历史文化资源转化为文化资本的因素之一。

对于解决这一问题，建立历史文化资源的信息共享平台是有效途径。首先应该对现存的历史文化资源进行广泛性的搜罗和资料收集，建立一手资料库，并同时针对所有已收集的历史文化资源进行科学的分类，归纳数量和现状等基础信息，做好数据整理的基础性工作，这也是非常重要的一步。其次，对所分类的历史文化资源进行科学的论证，看此分类是否能够

满足当前对其研究使用的需求，如若不能则可根据相关专业需求和专家论证进行多种分类方法的讨论。第三，针对不同类型的历史文化资源应有相应成功或失败的开发案例登记，对国内外此资源成功转化为文化资本的实践情况进行解释，为各类别的历史文化资源进行价值开发评估，并附上相关政策建议以提供前期的有效参考。

二、开展多渠道历史文化资源资本化投融资渠道

经验表明，文化产业的发展不能脱离市场，市场化的、多元化的投融资渠道是文化产业发展的必要支持。历史文化资源资本化的开发，更加离不开资金的支持。

（一）以平台化、龙头化思路构建文化金融中介体系

中介机构是文化资金需求者与金融机构之间的桥梁和纽带，通过搭建金融平台服务体系，进而将风险补偿机制、担保机制落实下来，是推进文化产业与金融产业相互合作的必要途径。同时应在此基础上依靠相关文化龙头企业开展融资工作，由于龙头企业的经济实力强、市场影响力大，可以在平台建立的初期尽快发挥示范作用，并在逐步完善的过程中达到普惠中小型文化企业的目的。

（二）债券融资支持文化资源开发

2010 年 5 月"文化和旅游部文化产业投融资公共服务平台"正式上线，政策性银行和商业银行纷纷加入，并成功进行了涉及演艺、娱乐、动漫、会展等多个文化产业领域的融资。然而传统银行对于融资企业的门槛要求较高，但如通过债券融资，由担保和再担保机构提供担保的形式，即使是初创期阶段的小型企业，也具有融资能力。这对于企业将历史文化资源资本化具有很大的帮助。

（三）股权融资支持文化资源开发

文化资源的开发属于高风险、高回报型投资，这非常适合风投和股权

投资。虽然目前我国已有文化产业私募股权投资基金，但由于各地对私募股权基金注册资金的要求门槛较高，这对于文化产业型私募股权基金的发展造成了阻碍。如政府可以在合理范围内下调文化产业私募股权基金的注册资金限额，或给予一定的税收优惠政策，将更加有利于文化资源开发和发展文化产业的股权融资。

三、保护知识产权是历史文化资源资本化的前提

现阶段，全球网络传输、数字化、卫星通信等信息技术均已进入成熟应用阶段，这既给文化资源开发带来便利和渠道的同时、也给知识产权的保护带来了困难。知识产权的明晰、科学的版权价值评估机制都是文化资本得以正常流通于市场的必要条件，这将是我国下一步促进历史文化资源开发时需要注意的问题。

四、保证历史文化资源资本化与新型科技产业的融合

笔者认为，将高科技与文化融合是文化产业强大的重要原因。从大众传媒领域的印刷、录音录像、电子排版、数字化等方面可以看出，文化开发往往与科技建立联系或达成合作关系，形成核心竞争力。例如美国的百老汇音乐剧，在传统表演过程中使用了大量科技控制的高品质灯管和音响效果，音乐剧场景美轮美奂，使人身临其境，大大增强了艺术感染力。文化资源的开发，不仅仅是对其本身的转化过程，更是技术和思想共同作用的过程。

对于历史文化资源的开发，为了使其与现代社会的需求保持一致，需要合理地将高新科技运用于历史文化资源的开发中，使得科技以文化资源为载体，文化资源以科技为武装，最终达到形成具有高市场渗透力和符合时代性的文化资源资本。

第五章 新媒体视角下历史文化资源的探究

第一节 新媒体的传播特征及定义

一、新媒体传播的特征

新媒体最为突出的两个特点就是"交互性"和"数字化",马为公、罗青在《新媒体传播》中指出,"交互性"传播特征是"新媒体"与传统媒体的本质区别,如果仅仅是使用数字化技术进行制作和传播,并没有改变传统传播方式下信息由传者向受者流动的主要模式,便不能称为严格意义上的新媒体。在网络传播模式下,Web2.0以上的传播媒体才能被称为新媒体。所以新媒体在传递的过程中,有下面这些特征:

(一)由有序控制向无序传递的转化

在传统媒体的背景下,媒体集团掌握着话语权,他们可以控制传播内容、传播范围,评估传播效果,修改传播策略,从而决定了舆论的方向,因此,不良信息如谣言、恶意煽动民族情绪的文字等很难大规模的蔓延。但是在新媒体语境下，表达的权利得到重视，新媒体为人们提供了更为便捷的话语平台和个人空间，通过手机短信、微博，人们不仅有发布信息的自由，也有一个无处不在的工具捕捉信息，每个人可以完全按照自己的意愿建立一个媒体世界的虚拟空间。

新媒体的确为用户提供了更大的表达空间和自由的交流平台，但也正是因为它的开放性，也增加了新媒体的"把关"难度。因为新媒体用户可以随时随地任意发布内容，群发、转发也不可控制，目前整个新媒体环境还有待完善，所以新媒体无可避免地会带来一些潜在的问题。

（二）由被动向主动传递的转变

在传统媒体环境中，受众可选择的媒体是电视、广播、报纸、杂志，获取信息的时间被严格控制。因为电视和广播节目有固定的播出时间，报纸和杂志都有固定的出版时间，获得的信息也是经过严格把关的，观众只能在特定的范围、时间、渠道内被动地接受媒体向世界展示的内容，而不能主动获取满足自己需要的信息。

1979 年，莱文森在他的博士论文《人类历程回顾：媒介进化理论》中说："人是积极驾驭媒介的主人，不是在媒介中被发送出去，而是发号施令，创造媒介的内容，对别人已经创造出的内容，人们拥有空前的自主选择能力，我的媒介演化理论可以叫作一种'人性化趋势'理论。"他在这篇论文中提出了媒介演化的"人性化趋势"和"补救性趋势"，他认为，人类媒介的演化必然是越来越人性化，而后继的媒介必然是对以前媒介的补足和补救。

根据莱文森的理论，我们可以看到，新媒体的数字化确实是对传统媒体不足的弥补，其重要特点就是回归人性。新媒体可以为受众提供更加个性化的服务，受众更加适应的收看方式，受众可以通过新媒体随时随地不受限制地任意点播自己感兴趣的内容题材控制播放速度、收看时间长短等等。比如目前很受大家欢迎的微电影、微小说等等，一切尽掌握在自己手中。新媒体让受众对于信息的选择有了主动权和控制权，而且可以创造信息发布，完全由被动变为主动。

（三）由宏大叙事向碎片堆积的转变

无论是用计算机在网络论坛上发帖、浏览博客、微博，还是用我们的手机发送短信、微信，人们逐渐开始熟悉用一段文字、一张图片、一个音频或者视频这种"微传播"的方式来表达自己，每一个人都可以发出属于自己的"微声"，这样的表达和传播形态迅速被大部分人接纳。

狄更斯说："这是最好的时代，也是最坏的时代。"目前，新媒体像一个壮实的青年，正在迅速成长，随着技术的不断创新新媒体被更加广泛的应用，将人们密切联系起来。如何同时满足个人自由的需要，避免新媒体带来的负面影响，仍然是这个时代的一个重大考验。

（四）逐渐缩小界限

新媒体的信息接收者可成为信息传播者，摆脱传统的传播模式使得接收者与传播者之间的界限变得模糊，除此之外，新媒体技术也加速了传统媒体、报纸、广播、电视之间的融合，新媒体让不同国家、群体、产业之间的界限越来越模糊。

二、新媒体的定义

彼得·卡尔·戈德马克作为美国哥伦比亚广播电视网技术研究所所长，同时也是 NTSC 电视制式的发明者，首次提出了"新媒体"这个概念。在美国总统尼克松提交的报告书中，也用到了"新媒介"这个词，从此"新媒体"一词开始流行起来，并且快速蔓延到全世界。

斯科特在《新媒介研究》中提出疑问："新媒介能新多久？"而在国内，对"新媒介"是个变动中的概念已形成共识，"新媒介"与"旧媒介"只是一个动态的、相对的概念。国内和国外关于"新媒体"的阐述多种多样，众说纷纭，直到现在，"新媒体"很难有一个确切不变的定义。

联合国新闻委员会在年会上提出：新媒体是指被称为"第四媒体"的互联网，其意为继报刊、广播、电视等三大传统媒体之后的第四种主要大众传播媒体。清华大学教授的观点则认为新媒体包括的范围更为广泛，即新媒体是建立在计算机信息处理技术和互联网基础之上，发挥传播功能的媒介总和。有关学者从内涵和外延对"新媒体"进行了解释，他们认为，就内涵而言，新媒体是指建立在数字技术基础上的，能够极大拓宽传播信息范围、提升传播速度、改变传播方式、区别于传统媒体的新型媒体；就外延而言，新媒体包括各类通信系统，比如互联网、手机短信、多媒体信息化的互动平台、多媒体技术广播网等。廖祥忠在仔细钻研和考察了"新媒体"一些数字化特征包括即时性和兼容性之后，更偏向于把数字化作为是新媒体最重要的核心，是利用及时交互性很强的固定和移动的多媒体终端传播信息和服务用户的形态；喻国明教授的观点是传统媒介是单向性的传播，受众只接受信息，而新媒体是双向性的传播，传播得更加广泛，他认为这就是新媒体最根本的特性，其他的特性都由此演变而来；匡文波教授则认为新媒体只是相对于传统媒体来说时间意义上的新；罗青、马为公在《新媒体传播》中指出，狭义的新媒体是指在大众传播领域，以数字化网络传播技术为基础，能够实现交互式传播的信息载体。广义的新媒体是指以数字技术、通信网络技术、互联网技术和移动传播技术为基础，为用户提供资讯、内容和服务的新兴媒体，它们的共同特点是融合了多种传播技术，使传播可在更多的方式下实现。

新媒体的形态多种多样，现在主要是网络新媒体、移动新媒体、数字新媒体等这三大类。网络新媒体涵盖的面比较广，有门户网站、虚拟互动社区、Email、论坛、微博、空间、网游、电子刊物、网络广播等；移动新媒体包括短信、手机应用、微信等；数字新媒体包括数字电视、电视盒子、移动电视、广场大电视等其他类型的新媒体还有隧道媒体、站台媒体、车厢媒体、信息查询媒体等。新媒体基于强大的数字和网络技术,借助无线网、卫星信号等为桥梁和电脑、智能手机、电视等媒介，向大众传递和分享信息。伴随新媒体技术的不断革新和壮大，新媒体慢慢地应用到了生活中的各个方面，社会大众也越来越重视新媒体的近况和发展动态，越来越看重是否有新技术产生。

综上所述，新媒体就是以计算机技术为传播信息的载体，目前的新媒体包括互联网和手机媒体等，因为它们才为具有真正的互动性。

第二节　新媒体与历史文化资源融合的策略

新媒体拥有庞大的用户基础，但随着网络技术的发展，信息传播和新媒体应用的新环境，逐渐改变了人们的经济和信息使用习惯。在新媒体环境下传播历史文化信息，扩大了其影响范围，也得到了人们的广泛关注。互联网对历史文化信息的传播，也使用相应策略。

一、提升信息服务能力

（一）官方网站

政府官方网站：地方政府网站上可以专门开辟当地历史文化资源研究专区，及时更新历史文化资源的最新资讯，宣传当地的历史文化旅游景点。

媒体网站：以报道新闻、引导舆论、提供服务的网站为主，专门设立历史文化资源的相关链接，方便网民浏览，加大历史文化资源在滚动新闻中的比例，设立专题板块和交流区，增加宣传历史文化资源的图片和视频。

专业的历史文化资源网站：比如中国民俗网专门搜集、整理中国民俗文献资料与田野资料，进行民俗学基础理论研究和专题研究，组织编辑出版民俗书刊，翻译、评价国外民俗学著作，不断更新、维护，使之成为民俗学研究者及爱好者的学术家园。

（二）微博、微信走进博物馆

微信，这是一款免费提供即时通讯服务的应用程序，使用这个软件，用户既可以快速发送文字、图片、音频、视频分享到朋友圈，而且可以通过摇一摇、搜索号码、附近的人、扫二维码方式添加好友和关注公众平台。同样地，微博从诞生以来，也以迅雷不及掩耳之势蔓延开来，仅 20 个月，新浪微博用户数突破 1.4 亿，达到了中国城市人口数量的四分之一。

微博、微信自诞生以来，就迅速抢占市场，并且向各个领域展开延伸，博物馆也不例外。微博更新、传播的快速，与信息传递的简洁明了都可以满足受众和历史文化爱好者对博物馆最新资讯的需求，增强博物馆与参观者之间的信息交流互动，让更多人关注历史文化资源，进而利用好友之间交流的活跃度进一步传播历史文化资源，带动更多的人关注历史文化资源。

目前国内已经有比较先进的博物馆开始在内部展品的旁边都加上二维码标签，比如重庆市中国三峡博物馆就配备了二维码讲解和引导，参观博物馆的人只要手上有手机，就可以通过扫描展品旁边的二维码，了解有关展品的详细图片、文字资料，并且可以获得优质的语音讲解，使服务更加人性化。参观者可以根据自己的需求有选择性的获取博物馆的信息，在历史文化资源的海洋中完成属于自己的私人定制。

把过去的博物馆与现在的相比较，微博、微信的优势显而易见：服务更加个性化，以往博物馆的讲解员面对的是所有参观博物馆的人，参观者的知识水平不同、兴趣点不同，需要当然不同，但因为各种条件的限制，不是所有参观者的要求都能满足，有了微博微信，参观哪个展品详细了解什么背景，着重观看什么全由参观者自己决定；可以反复听讲解、便于分享，微博、微信的语音功能可以让参观者把反复听不懂的地方，并且离开博物馆后随时可以与他人分享交流，如此看来，微信至少能够让越来越多的人能加入到历史文化资源的沟通交流之中，不管这种交流是深是浅，都能逐渐影响人们将更多的目光留给我们珍贵的历史文化资源；吸引更多的年轻人参观博物馆，博物馆关注的核心问题就是如何增加参观的人数、提高博物馆自身的知名度，而微信确实在年轻人中使用得更加广泛，当然也有少量的中老年人。利用微信来吸引年轻人对博物馆的关注不失为一个好办法；节约人力、时间成本，微博、微信的引入减少了博物馆的劳动成本，节约了参观者的时间成本，提高了参观者获取历史文化资源的自主性和效率。

（三）开发手机APP

古代的人只能用"大漠孤烟直，长河落日圆"等诗词歌赋来描述他们的所见所闻，我们则可以掏出手机、照相机、摄像机，再现美丽的风景，与亲朋好友分享；迷路的时候，我们则可以拿出智能手机使用导航软件找到目的地。智能终端不仅仅局限于个人应用，许多行业都已经开始大规模地部署终端产品。

2014 年 10 月，故宫推出了名为"皇帝的一天"的手机 app，上线两个星期后，下载量超过了 20 万。在这款 app 里面有皇帝的朝服、行服、雨服、吉服、便服五套衣服，任由用户选择。这款 App 诞生的出发点就是希望借用新媒体帮助更多的人了解故宫的藏品以及它们背后的历史渊源。

（四）相关活动、产业链的延伸

现如今，新媒体越来越多地渗透进人们的日常生活，人们与新媒体互动的热情也与日俱增，在这样的背景下，利用新媒体线上宣传，线下举办与历史文化资源相关的活动，可以有效引导受众认识、了解、热爱历史文化资源。

比如，在傣族泼水节来临前期，相关部门可以在官方网站创建主题论坛，在微博、微信上发起互动话题，目的是为了解大家对于泼水节的认识、最感兴趣的话题以及人们最陌生的泼水节知识，这样的前期调查可以掌握大众对于泼水节的了解程度和知识需求，这样在活动中就可以更有针对性的选择传播内容，为受众提供最值得关注、最期待的信息。接着，再与有关部门策划一次特色活动，这个活动的目的就是让参与者亲身体验傣族文化，在一次活动中充分了解傣族的泼水文化，吃傣族最有特色的美食，跳傣族舞，对傣族文化进行全面了解。在活动当天，可以利用微博进行现场直播，并且在微博上设置分享照片和心情的专区，这样有助于与参与者保持实时互动，及时了解活动的关注度和满意度，提高傣族文化的知名度。最后，在活动结束之后，可通过微博、微信获取参与者和潜在参与者的信息，建立完整的数据库进一步传播，使参与者数量进一步增加。

通过这种方式策划一系列历史文化资源的专题活动，或者通过展览书画、图片的形式传播历史文化信息，让人们意识到保护历史文化资源的重要性，提高个人的历史文化素养，打造传承历史文化资源的氛围，才能更进一步地利用、开发历史文化资源。

二、"大数据"时代以信息反馈为主要渠道

有相关研究机构指出，"大数据"是一种新处理模式，具有更强的决策力、洞察发现力和流程优化能力的海量、高增长率和多样化的信息资产。

历史文化资源的传播对象是不同的社会群体，接受过不同程度的文化教育，拥有不同的生活经历，因此他们接触历史文化资源的目的都不尽相同。借助于新媒体的传播，历史文化资源的接受者会进一步呈现扩大化、多样化的趋势。

面对巨量而又复杂的参观群体，利用新媒体如何传播历史文化信息才能吸引受众的注意，培养忠实受众，这需要通过应用大数据技术。大数据技术让历史文化资源的传播决策更有依据，这个依据就来源于受众的反馈，历史文化资源的相关产品只有得到了受众的认同，才能得以在更为广阔的范围内传播。所以，让受众参与到历史文化信息传播的过程中，提高其参与性，加强与他们的信息交流，及时得到他们的反馈至关重要。

三、以娱乐游戏的形式增强交流感

在多媒体的时代，人们已经不仅仅局限于用文字来接受信息，而是通过音乐、画面、互动等更为多元的方式去接受新知识，利用互动游戏软件去承载历史文化元素，正是顺应这个时代的潮流。以历史文化资源为主题

的趣味互动游戏是一种用娱乐的方式开发历史文化资源的新途径，它可以使得历史文化资源的传播方式焕然一新。历史文化资源既可以作为游戏的背景，也可以作为游戏本身的主题。比如，既可以把清朝的宫廷生活作为游戏的背景，融入清朝的建筑、服饰、官阶；也可以将三国时期的人物或者红楼梦中的人物作为游戏的角色，在无形中把传统文化带入游戏者的视野。

利用娱乐游戏开发历史文化资源，就是以传统的历史文化资源作为游戏背景、精神内核，以网络游戏技术作为包装。历史文化资源的选择需要有正面教育意义、趣味性强、普及性强的特点。再通过专业技术才可以生产出能够将历史文化、娱乐、教育融为一体的网络游戏。在国内历史文化资源与网络游戏结合的方面，四川成都已经领先一步，目前具有自主研发能力的企业已经高达近百家，而且已经开发出具有一定市场影响的游戏产品。

作为承载历史文化资源的互动游戏必须具备娱乐性强、寓教于乐的特点，才能真正地发挥传播历史文化资源的效用。有人可能会质疑娱乐性会破坏历史文化资源的严肃性，不具备现实的意义，但这恰恰能够解决很多游戏者对历史文化资源提不起兴趣的问题。这种方式可以帮助游戏者在不经意间全方位地了解到某种历史文化故事、体验到历史文化的厚重、感受到历史时代的氛围，这无疑可以使游戏者更容易接受历史文化资源，达到良好的传播效果。

南宋官窑博物馆很早就想到了这一点，他们通过电脑游戏把复杂的陶瓷文化形象直观地传递给游戏者。在游戏的画面中首先出现一段连环画，详细地介绍陶瓷文化，接着游戏者需要在电脑上将物品的年代和作用对号入座，游戏者主动加入到学习陶瓷文化的过程中，既增加了趣味、缓解了疲劳，最重要的是还学到了知识。

四、新型科技技术开发

（一）建立专业的历史文化资源数据库

新媒体改变了传统媒体对于信息的一次性发布，基于这个特点，它可以使信息资源无数次的开发、循环利用，提高信息使用率，进而让众多的信息数据库成可供研究的资源，全面提升媒体的信息整合能力。正是考虑到新媒体的这个优势，为了系统全面的展现历史文化资源的内涵与外延，可把优秀的历史文化资源集合起来建立权威、完整的网络数据库，全面地梳理历史文化资源的精髓，归纳各个历史时期不同的历史文化资源。毕竟，若想将历史文化资源完整的保护、传承下去，就要避免历史文化资源的传播表面化和碎片化，让真正愿意深入了解历史文化资源的人找到可靠的资料依据。这样的网络数据库既可以避免文化资源的浪费，又能强化对知识产权的保护。

（二）"身临其境"地感受历史文化资源

我国的历史文化资源分布在各个地方，不是所有的人都有足够的时间、精力去一一走访，但是有了数字化技术的引入，时间、空间都不会成为阻碍我们了解历史文化资源的障碍。把历史人物、故事或者历史场景利用现代化数字影视技术，形成虚拟的历史文化资源，再进一步进行大规模的生产，就可以让许多人足不出户了解国内外历史文化资源的精粹。这样的虚拟历史文化资源可以客观地再现历史人物的特征和历史事件的前因后果，让受众身临其境，拉近历史文化资源与受众的时间、空间距离。

网络世界，我们可以将之看作是一种虚拟世界，现实社会中发生的事情，网络上面都能够以虚拟的模式逼真地反映出来。例如利用先进的计算机图形技术开发的网游；利用遥感数据处理技术和三维地理信息技术打造的南京旅游网络平台，通过数字化建设旅游区，综合食、住、行、游、购买等旅游服务及娱乐信息，建立一个基于互联网的虚拟旅游可视化平台。目前，虚拟导游已经完成，总统府，山陵，夫子庙，雨花台等著名旅游景区，用户只需要点击鼠标就可以实现网上虚拟旅游，在三维场景的虚拟现实中和多媒体视听环境中，身临其境地欣赏景观，获得模拟体验、旅游信息。

此外，北京的故宫博物馆还推出了"超越时空"虚拟旅游项目，利用3D技术在互联网上建立一个虚拟的环境，游客不仅可以选择一些角色来扮演。另外，如果对其中一个景点感兴趣的用户，也可以通过虚拟的"我"在景点前拍照留念。据统计，目前已经有将近27万的游客在网站上注册，参观虚拟的紫禁城时，每一位游客可以以一种自己喜欢的身份进行游览，比如公主、禁军或皇室侍从等，还有不少"网络导游"会主动为你带路。如果对某个景点特别留恋，还可以点击鼠标将网络中的自己和景点进行合影。

五、利用"分众传播"设置传播内容

历史文化资源一直以来都是依靠书籍、博物馆等方式进行传播的，这样的传播途径优点很多，能够系统地讲解历史文化资源的来龙去脉，多层次、多维度地介绍历史文化资源，但是最大的弊端就是不能做到把受众根据知识水平进行细分。比如，一个历史学家对于资料的需求同一个高中生的需求肯定不同，而一位听历史故事的儿童与一个历史专业的大学生对于历史知识的需求层次也是大相径庭。这些问题就新媒体传播方式而言会变得易于解决，最为关键的就是善用"细分受众"的理论，把目标受众群按照年龄、知识水平、需求、参观方式的不同进行细分，然后根据不同的需求生产出符合相应需求的文化产品。举例而言，在某种历史文化资源的官方网站上，可以将板块做以下细分：

幼儿启蒙。主要针对年龄比较小、爱听故事、爱看动画的小朋友，这样可以迅速激发孩子对于历史文化的兴趣。这个板块的知识浅显易懂，形式活泼，为小朋友了解历史文化打开一扇窗即可。

业余爱好者。主要针对大多数不是历史专业但是对历史文化有浓厚兴

趣的受众，这部分受众对于获取历史文化的自主性非常强，他们对于历史文化的需要也是以了解为主，不做深入研究，所以这一板块可提供大范围的历史文化资源基础知识梳理，详细介绍即可。

自主研究者。主要针对历史学专业、考古专业或者历史文化资源的研究者，他们的需求最高最精细，关注的时间也最长，所以学术性最强。这个板块需要提供历史文化资源的最新研究动态以及最新的行业信息。

如果某历史文化资源的官方网站能够采用细分受众理念，就能使"无法定位受众"的难题迎刃而解。

六、借助动画技术丰富文化产品的传播

动画是 21 世纪文化产业的后起之秀，而中国历史文化资源中可用于动画创作的元素非常丰富，我们可以在中国的古典文学、传奇人物中，选择可以进行动画创作的题材，借助动漫技术，制作出以中国历史文化为内核，以动漫做包装的文化产品，满足广大青少年和儿童好奇心理的现代动漫作品。这类历史文化动漫产品在内容上要把握两点：一是要通过艺术夸张手法，增加动漫作品的神奇效果；二是要以正面教育为主，弘扬传统历史人物不怕困难、除暴安良的正义精神。

选择历史文化人物或者历史故事作为动漫的题材，通过这种融合使得历史文化资源更易于被人们接受和广泛传播，动漫可以为历史文化资源找到多种多样的艺术表现形式，在复原的基础上进一步地对历史文化资源进行艺术再创造。

七、利用"议程设置理论"构建新媒体内容

美国著名的传播学学者麦克姆斯提出的"议程设置"理论，他早在1968 年就调查了总统大选，通过分析调查结果，他认为大众传播虽然不能左右大家对一件事的具体观点，但是有趣的是，它可以决定人们关注什么、探讨什么。若大众传媒对某些事情大肆渲染、着重强调，那么人们对这件

事就会大大重视；若大众传媒对某些事情避而不谈，那往往会使得受众也对其忽视。

如此说来，我们也可以把麦克姆斯的"议程设置"理论运用到我们的历史文化资源传播过程中来，将分散的历史文化资源整合起来，通过专题策划，逐步把历史文化资源带入到人们的视野之中，让历史文化资源成为人们关心、关注的话题、热点。比如，在中国最为重要的几个节日前后，相关部门通过微信、微博等方式发起关于传统文化的话题讨论，梳理传统文化知识，组织线上及线下的弘扬传统文化小行动，通过新媒体传播传统文化内涵及蕴含的民族精神。

第三节　新媒体与历史文化资源融合的准则

一、拒绝三俗的价值引导

在我国，人们的物质生活和精神生活共同发展的今天，一些媒体为了吸引受众，使市场庸俗化，媒体的社会责任和文化传承使命在逐渐让位给大众娱乐。新媒体普及中国历史文化信息，传递文化遗产，满足观众求知欲，吸引观众眼球的同时，也承担着提高观众文化水平、净化市场环境的社会责任。在某种意义上，新媒体对历史文化资源的利用可以提高受众的文化素质，促进社会的进步，因而具有更长久的生命力。因此，将历史文化资源与新媒体的结合是一种顺应发展的行为，而新媒体更应该履行自己的职责，真正地做到传承历史文化资源的精神内核，而不是仅仅传播历史文化资源浅显的表象，那样只会让人们仅仅停留在对于历史文化资源粗浅的认识上，永远无法深入其中，感受历史文化资源的真正魅力。

二、新媒体需要传递优秀历史文化资源

著名的"知沟理论"是由美国学者蒂奇诺提出，他主要阐释了经济发展的不平衡使得人们的贫富差距加大，进而加剧了人们在知识水平上的差

异。受教育程度高的精英与普通的社会成员相比，明显具有更强的竞争优势，这种优势又进一步地拉大了贫富差距，形成恶性循环。

目前，随着经济的快速发展，越来越多的人对文化的需求随着收入的增加逐步提高，而对于历史文化产品的要求也在逐步增加，人们渴望缩短文化水平和经济水平差距的愿望也与日俱增。比如，近来在网络上大热的历史文化网络公开课正是为了普及珍贵的历史文化精髓。新媒体的责任正在满足传承的社会功能同时，让历史文化资源跟上新时代发展的脚步，使其能够雅俗共赏。新媒体是人们在生活中接触最多的媒介，所以它可以对我们的生活产生巨大的影响，引导人们欣赏高雅的历史文化资源、提高人们的文化素养是新媒体义不容辞的责任。

从目前新媒体的传播内容来看，历史文化资源并没有在新媒体领域占据一席之地，如果历史文化资源能够迎接挑战，利用新媒体逐渐实现其自身的价值与效用，就能够更好地融入到当下的文化生态之中。

新媒体正是应该加大对历史文化资源的宣传力度，普及历史文化知识，使民众有更多的机会和途径了解历史文化资源的情况，培养民众的保护意识，以更好地开发和利用历史文化资源。

三、坚持文化继承与文化创新相融合的准则

中化五千年的历史文化源远流长，在历史长河中，人的生命是有限的，但是文化却能够代代相传。文化的存在正是得益于文化的继承，如果文化无法代代积累、代代相传，那么文化本身也就不复存在。传统文化是我们民族精神与民族性格形成的源头，但是随着时代的发展，为适应现代社会发展，文化创新也成为了一种必然选择。利用创新促使历史文化资源进一步发展，前提是充分挖掘历史文化资源的内核，在掌握其内涵的基础之上开发具有互动性、体验性的文化项目，使得历史文化资源能够被永久利用、流传。

文化的创新分为文化内容的创新与文化形式的创新，新媒体对于文化的创新更多的是对传播方式的改变，因为新媒体主要是应用数字化技术，通过新的传播方式吸引人们对文化本身的关注，从而推动文化的发展与繁荣。目前随着新技术的诞生、文化需求的不断增加，转变传播模式已经成为了必然选择，要想有效发挥历史文化资源的优势，必须要创新文化资源的传播方式，发展文化创意产业。文化创意产业以信息和网络技术为载体，而媒体技术的不断创新是文化创意产业发展的基础，文化资源转化为文化产品后，还需要有传播和销售的渠道，依靠网络技术，可以大大提高文化的生产传播效率，拓展了传播渠道。

第四节　历史文化资源和新媒体相互融合的重要性

对于大众而言，网络信息、邮箱、搜索工具等都是"零"价格，免费的信息更容易培养网民的规模，零门槛接受网络新生事物，进而让网络的概念深入人心。中国互联网络信息中心（CNNIC）发布的《2013-2014年中国移动互联网调查研究报告》显示："2014年，我国新增网民3117万，截至2014年6月，我国手机网民规模为5.27亿，在整体网民中占比达83.4%，移动互联网应用的丰富程度加大，对社会生活服务的渗透增加，成为手机网民常态的生活方式和各行业的重要发展工具。"这一切都预示着新媒体时代的到来，这个新的时代完全改变了人们接触、发布信息的方式，颠覆了人们的生存、生活方式。美国的未来学家尼古拉·尼葛洛庞蒂指出："一个个产业揽镜自问'我在数字化世界中有什么前途'时，它们的前途主要看它们的产品或服务能不能转化为数字形式。"

在大众媒体时代，传统的学术模式基本上不能适应潮流。如何用一种大众更容易接受的方式，让受新媒体文化影响很深的新生代接受历史文化资源，实现部分传统学术模式的华丽转身。如果学术界仍然不与时代接轨，不重视新媒体，不重视受众，而只是孤芳自赏，那么这种传统的学术思路就真的只能是穷途末路了。历史文化资源保护开发利用的首要任务就是向大众文化妥协，将它转化成符合大众审美趣味的传播内容，进入到大众文化之中，利用新媒体传播历史文化信息使受众面小的内容让更多的人接受和了解。

许多人认为新媒体驾驭不了严肃的主题，利用新媒体不能传播历史文化资源的精髓。实际上，新媒体在传播历史文化资源方面有无可替代的优点，时代在变化，越来越多的人使用新媒体浏览信息，它能使人将历史文化资源的美和精华尽收眼底。上海世博会正是全面展示了新媒体的魅力，新媒体手段在世博会中的大量运用也充分说明新媒体正以超乎想象的速度深入到我们的生活中。

利用新媒体传播历史文化固然达不到学术研究那样的深入和系统，但它能够用一种更易于接受的方式普及学术中艰深而又全面的内涵，可以让那些无法在大学课堂接受教育的人得到知识的享受，不仅可以激发更多人对历史文化的浓厚兴趣，使史学、国学大热，而且给许多对史学和国学缺乏了解的青年人接受历史文化教育的机会，新媒体在推广与传播历史文化信息的过程中功不可没。

一、历史文化资源与新媒体业态的统一性

新媒体与历史文化资源的内在统一性，至少可以从三个方面深入探讨：

（一）新媒体与历史文化资源价值的统一性

关于价值方面，看上去新媒体的价值在于其真实与否，而历史文化资源的价值在于对历史的保存和研究。技术的重点放在实用层面，而文化的重点放在精神层面，但是人类交流的需求让两者有了一个共同的价值标准。新媒体使人们的表达更加准确、沟通更加流畅，历史文化资源也只有在表达和沟通的过程中才能传递下去。对于新媒体价值的衡量不能局限于实用

这单一的标准，还需要综合它给大众带来的在道德、人文、伦理层面的关注和探讨等因素一起考虑，人们对于精神层面的重视和关注使得新媒体和历史文化资源能够拥有一致的价值观念。

（二）新媒体与历史文化资源目标的统一性

让人类能够生存得更加自由，新媒体就是其中一种方法。作为文化一部分的历史文化资源，其目标是教化人，使人的发展走向自觉。新媒体与历史文化资源两者之间一个共同的基本点那就是以人为本，让人们在清醒的前提下，不受约束、自发地向着进步和发展迈进。

（三）新媒体与历史文化资源行为的统一性

新媒体不单单只有技术这一个属性，历史文化资源同样也不是只有文化这一属性，两者之间并不是完全相互独立的。彼此的根本点都是以人为本，基于这点他们可以越过自身的限制，新媒体技术发展可以是历史文化资源传承的纽带，历史文化资源的传承依靠技术可以更进一层，让两者在终极行为这个方面达到内在一致。

以上都清楚地说明了新媒体与历史文化资源有着天然的共同点。学术能够走进大众的生活，让越来越多的人能够知道学术、体会学术，是广大学者所期盼的。但这并不意味着所有种类的学术都是可以走进大众生活的，受专业细分的影响，一些十分专业，有一定深度的学术内容是有着自己的一套评价体系的，不能单纯地以是否能被大众所理解来评判其包含的价值。但是假如专业学者自恃曲高和寡的观念将学术束之高阁，以晦涩为深奥，也会走入歧途。同样地，假如硬是要将一些特别专业的学术强加于大众，不但达不到传播和交流的目的，甚至会与目的背道而驰。

总的说来，历史文化资源与新媒体形态上的统一，要求新媒体可以用长远的眼光来看待文化和规避单纯的技术崇拜，丢弃"看重利益，忽视品位""看重制作，忽视创作"等不好的观念，怀着博大的胸襟投入到发觉自身文化的终极价值和意义中去，建立一套属于自己的文化标准。

二、历史文化资源与新媒体融合的益处

得益于智能手机、网络的全面普及和新媒体技术的突破和革新，新媒体浪潮在全球持续升温，对全社会的不同阶层都产生了影响和冲击，数字化资源已经是社会中一种不可或缺的重要资源，创新文化传承的重要渠道就是将历史文化资源数字化、信息化。历史文化资源和新媒体两者之间的联姻，不单单促进了信息和文化产业的发展，更是国家文化软实力，传承和延续优秀传统文化的体现。

（一）新媒体可以帮助保护历史文化资源的整体性

一般情况下，我们会将文物陈列在博物馆中来更好地保护文物，但是传统的保存方法存在很多弊病，如图书资料的受潮腐烂、音像资料的老化等，极易造成这些文化遗产的失真和丢失，在历史文化资源一旦离开原本的生存空间，很难被完整地保护起来，对于文物而言，没有整个历史背景的烘托，它本身的特性就丧失了一大半，导致总体观赏性不强。运用新媒体保护历史文化资源，一方面能将信息数据收集得更加完整、系统，另一方面能够更加全面地展示和保护这些历史文化资源，让这些历史文化资源不会因为时间的推移而遗失。

（二）新媒体可以帮助历史文化资源进行传播

1. 接触——为随时随地的接触提供可能

新媒体的移动性使得新媒体与受众的步调基本一致，给了受众更多接触信息的可能，而新媒体所传播的历史文化资源也会更加有效地接近受众。所以，新媒体传播的信息具有很强的追随性和明确的指向性，有效传播也将更加明显。

曾经在很长一段时间，历史文化资源的传播是以书、报纸等纸质媒介作为载体的，这样的传播方式常常会有"阻塞"现象。目前，优秀的普及历史文化信息的读物非常缺乏，而许多学者常常认为这种书"不入流"，学者们关注的重要问题是同行的认可，而不是学术的普及，这样使得学术

圈和普通爱好者之间永远有阻碍。

当新媒体与历史文化资源相结合时，它的"连结性"和"互动性"得到了极大的发挥，新媒体可以吸引受众并与之产生互动。历史文化资源用这种新颖的方式传播，不同于传统单向接受信息的方式，能够将观众的视觉、听觉、触觉等感官全方位地调动起来，让观众在从观察到体验、从感受到思考的整个过程中接受和消化信息。这种方式的理论依据来自于认知心理学的一条规律，在阅读中可以接受的信息只有10%，但在表达和行为的过程中接受的信息可以达到90%。

2. 预览——能够吸引潜在的用户

随着信息技术的飞速发展，计算机技术已经渗透到我们生活的方方面面，3D互联网技术、虚拟现实技术可以让用户足不出户，在虚拟环境中预览历史文化资源。目前，生活节奏越来越快，时间成本也越来越高，如果可以为用户提供逼真的历史文化资源虚拟环境，既可以最大限度地传播历史文化资源，也可以为用户带来更多的方便。

历史文化资源传播过程中的接受者是广大民众，由于知识结构、文化水平、生活经历的不同导致不同的人对于历史文化资源的需求各异。新媒体的加入，通过更加吸引人的视频画面和三维场景还原，让本来晦涩、乏味、专业的文化知识被更加直观地呈现出来，使得受众更容易了解文物传递的文化。

历史文化资源保护的目的是为了传承，新媒体为历史文化资源的有效传承提供了先进有效的方法与手段。历史文化资源借助新媒体等高端科技后，形成能够便于让受众学习、沟通的数字化、虚拟化信息资源。例如，通过画面、视频等形式多样的三维数字动画技术，重现历史文化情景、事件、现象，或者通过虚拟现实技术来生成逼真的历史角色、动作、场景等，使得大众对事物的历史有一定的了解。相较于传统的认识方法，采用数字模拟技术在视觉、听觉、触觉方面全方位地进行立体重现，让观众更全面地感受历史文化资源的乐趣，实现有效传承。

3. 体验——让历史文化资源走进大众传播

《体验经济》的作者认为，"体验"是一种创造难忘经历的活动，当过程结束后，体验的记忆将恒久存在。体验是一种新的消费品，它与传统的产品和服务不同，虽然看不见摸不着，但是已经逐渐从产品和服务中独立出来，成为人们在购买产品和享受服务过程中潜意识里所追求的东西，甚至可以按照自身的价值来出售。

博物馆和相关的文化机构可以充分地利用多媒体、3D 场景还原技术重新打造"虚拟"博物馆，让游客能够穿越时空，在一个十分全面而详尽的空间，更好地体味文化的内涵，发挥历史文化资源的教育作用。

4. 分享——实现利益最大化

瞬息万变的新媒体和互联网技术使得共享历史文化资源的需求进一步加强。文化资源作为传播资源中的一种，它的能量不单取决于内在价值，更在于它传播的广度和深度，所以需要与以前重研究轻传播的方法告别，实现文化资源真正的价值。

新媒体的快速发展，为历史文化资源的共享提供了一片丰厚的沃土，伴随新媒体和互联网技术的发展和进步，电子化的历史文化资源信息以其迅猛的更新速度和低廉的成本，在社会上刮起了一阵历史文化资源风。不只是电子出版物、电子博物馆，其他形式的新媒体也都可以通过移动数据、Wifi、互联网整合到一起对历史文化资源进行大范围的传播。区别于传统方式，利用高端的互联网技术将关于历史文化资源的资料上传到服务器的云端，就可以不受时间和空间的约束，随时随地共享这些资料，让历史文化资源能够被更多不同区域的人所了解。以下几个方面是主要表现特征：

（1）时效性

微博和微信朋友圈的大范围普及使得每个人都是焦点，不管任何时间、任何场合，都要先"晒一晒"，与"旅游文化产业"有密切关联的历史文化资源也获得了高频的出镜率。比如：去到民族气息浓郁的云南，参加泼水节之类的节庆活动；去沪沽湖过一把走婚瘾，朋友圈发个信息，评论点赞接踵而至，总是能让"朋友"也一起领略到当地的文化，甚至会亲自前往。

（2）重要性

即新媒体带来的"群体效应"。历史文化资源受民族和地域的影响而极具个性，对于作为传播焦点的每个人来说，都有着深远的意义。不管是别具一格的风俗体验，还是传统工艺给心灵留下的深深烙印，都被满怀深情地传递着，感染我身边说着差不多语言，有着类似习俗和价值观的朋友们，"爱屋及乌"的作用效果使得传播效果大大提高。

（3）接近性

以前人们很难随时随地接近历史文化资源，而新媒体打破了时间和空间的限制，将民俗尽收眼底。新媒体的出现带来了改变。比如，博物馆能够借用新媒体，利用大的液晶显示屏幕播放和展示文物视频和一些观众比较感兴趣的主题。不仅可以最大限度降低博物馆的展出成本，也能充分调动观众的参观欲望，同时也解决了更新缓慢的问题。充分激发了参观者的参观积极性，使博物馆变成一个传播文化的课堂，最大化地挖掘博物馆的价值。

（三）新媒体能够帮助历史文化资源产业链的开发与发展

对于历史文化资源的开发和保护，人们很难在其中找到一个平衡点。利用传统的方式进行开发不可避免地会破坏历史文化资源，难免在一些珍贵的历史文化资源开发中束手束脚。步入新媒体时代，这个困扰人们多年的难题迎刃而解。数字时代让我们历史文化资源的开发拥有无限的可能，新媒体可以在不损坏文物的大前提下，直接使用虚拟现实技术充分地挖掘历史文化资源的文化和经济价值。通过逼真、立体式的开发，可以有效地形成文学影视、动漫游戏等形式的产业，以推动文化产业发展。这种利用新媒体技术产生的文化生产力，同时能为经济发展作出贡献，借此能够使人们传承和延续历史文化资源的积极性和参与性变得更高。

根据麦克卢汉的"媒介即人的延伸"理论，可以清楚地认识到目前新媒体调动了人本身的听、视觉，甚至是触觉，但是还有更广阔的领域，比如嗅觉和味觉还有待开发，这会随着生物技术的进步在可预见的未来得以实现。

总而言之，历史文化资源借助新媒体进行传播，给历史文化资源的保护开发、利用注入了新的活力，使受众成为历史文化资源传播的一个重要环节，使得历史文化资源的传播方式更加多样化，满足各层次受众的不同需求。历史文化资源应利用简单明了的文字，结合新媒体新颖的方式，适应人们的审美需要，走向大众，贴近时代的发展，才能保证历史文化资源的传承，扩展其影响范围。

第六章　数字化生产下的陕西历史文化资源的保护与开发

第一节　历史文化资源数字化的分析 ——以陕西为例

历史文化资源数字化保护与开发是一个复杂的综合性的新兴事物，很多事项都值得探讨。其中，探讨历史文化资源数字化主体问题就很重要。通过分析历史文化资源数字化主体等，对于推进历史文化资源数字化保护与开发研究与实践有着特别重要的意义。

一、陕西历史文化资源数字化的主要组成

按照参与性，历史文化资源数字化主体构成表现出明显的多元性。不同主体之间既保持一定的独立性，又相互交织，而且角色又可以重合和转换，并存在着相互影响或制约的关系。

（一）历史文化资源数字化主体界定

1. 研究主体、技术主体、利用主体和控制主体

105

历史文化资源数字化研究主体包括从事历史文化资源数字化保护与开发理论研究的相关科研机构和个人，主要是高校、科研院所等学术机构以及相关个人。历史文化资源数字化技术主体主要是指那些能够熟练运用数字化技术从而能够对历史文化资源进行数字化转换的群体或个人，这些群体或个人通常属于文化企业或者在理论研究的基础上进行技术研制的高校、科研院所以及联合体等。历史文化资源数字化利用主体主要是历史文化资源数字化成果产品的使用者，包括现实的和潜在的，既有科研群体，也有广大博物馆、图书馆、一般景区景点等群体，又有更为广泛的个人群体。历史文化资源数字化控制主体主要是指在历史文化资源数字化保护与开发等活动中的相关指导、管理、协调组织机构。

2. 个体、集体群体和社会有机体

历史文化资源数字化的个体是指从事历史文化资源数字化保护与开发活动的个人。有一些个人出于对历史文化的爱好或者其他目的，热情参与了历史文化资源保护与开发的数字化。他们因为旅游、参观或者其他原因随手用数码相机把文物、遗址遗存以及非物质文化遗产等拍摄下来，放在自己的计算机或互联网上，供自己或他人使用；还有一些更加热情的个人，利用更加复杂的数字化仪器如扫描仪等可以把古籍文献等历史文化资源制作成数字格式，促进着历史文化资源数字化保护与开发的进程。

历史文化资源数字化的集体群体是指按照一定的目的和行为规范以一定的形式组织起来从事历史文化资源数字化保护与开发活动的众多单位、机构和企业等。当前，历史文化资源数字化群体主要包括高校、科研院所、博物馆、图书馆、文化企业等。这些群体在进行历史文化资源数字化保护与开发过程中，既有公益性，也有商业性，又有公益性与商业性相结合的性质。其中，博物馆、图书馆等公益性机构的历史文化资源数字化行为属于公益性；文化企业无疑是以商业性为目的；而高校、科研院所通常则具有公益性与商业性相结合的性质。

3. 保护主体和开发主体

历史文化资源数字化保护主体主要是指相关从事历史文化资源数字化保护的个体、群体和社会有机体的人或组织。在历史文化资源数字化保护主体中，从事文化遗产保护的各个机构和部门的作用更加明显。历史文化资源数字化开发主体则主要是指相关从事历史文化资源数字化开发的个体、群体和社会有机体的人或组织。在历史文化资源数字化开发主体中，文化企业等组织或人的作用更为明显。

（二）历史文化资源数字化主要组成

古籍是历史文化资源的重要组成部分，借鉴王立清等人对古籍数字化的研究，笔者在对历史文化资源数字化主体分析中，主要以研究主体、技术主体、利用主体和控制主体为主。以这四种类型主体为分析对象，结合三种不同划分标准下主体之间的关系，其实也包含了个体、群体、社会有机体、保护主体与开发主体等历史文化资源数字化主体。

由于历史文化资源的公共性以及陕西历史文化资源的开放性，使得陕西省内突出、丰富的历史文化资源可以为所有省外以至于国际人士所关注、研究、开发与利用，因此，陕西历史文化资源数字化主体不仅仅局限在陕西省内，其在理论上包括所有对陕西历史文化资源数字化保护与开发进行理论研究、产品研制、成果利用与活动协调的个人、群体以及有关社会有机体。但是，又如陕西省内的高校、科研院所以及相关个人等更加熟悉省内历史文化资源状况，兴趣更加浓厚，而且省内高校、科研院所以及相关管理部门日常经费支撑更多直接来自陕西省，他们更有责任、有义务，这些使得陕西历史文化资源数字化主体中的理论研究、产品研制与活动控制主体更多在陕西省内。至于成果利用主体，当然更是不局限于陕西省内，但还是因为陕西省内的人们由于对陕西更加熟悉而更加热爱，使得他们成为成果利用主体中非常重要的组成部分。

历史文化资源数字化理论研究主体，包括高校、科研院所等学术机构以及相关个人，具体而言则是高校相关专业教师、科研院所的研究人员、博物馆、图书馆以及其他历史文化资源数字化实践部门的研究人员。陕西高校、科研院所众多，并拥有丰富文化遗产的博物馆和保存大量古籍的图书馆数量很多，因此有着为数不少的已经或潜在致力历史文化资源数字化的科研人员，这些一起形成了陕西历史文化资源数字化的理论研究主体。陕西省内的西安交通大学、西北大学、陕西师范大学、西安工业大学、陕西省文物保护研究院、陕西省社会科学院、秦始皇兵马俑博物馆、陕西历史博物馆等机构及其科研人员，由于在历史文化资源数字化有着一定的科研基础，他们成为当前陕西历史文化资源数字化的骨干主体。

在当前实践中，历史文化资源数字化技术主体既有文化企业和个人，也有高校、科研院所、博物馆、图书馆等。在当前历史文化资源数字化初级阶段，研究主体很多时候和技术主体有所重合，很多高校、科研院所既进行理论研究，同时也承担技术开发。当前陕西历史文化资源数字化技术主体亦是这样一种状态，西安交通大学、秦始皇兵马俑博物馆等高校、科研机构不仅仅进行着陕西历史文化资源数字化的理论研究，同时也承担着技术产品开发的任务。但是，随着深入发展，文化企业在历史文化资源数字化技术主体中扮演的角色将越来越为重要，很多数字化技术开发层面的业务将会交给企业进行。

历史文化资源数字化利用主体是历史文化资源的利用者和享用者，既包括当前的，也包括以后潜在的。历史文化资源数字化利用主体的典型人群是完全享用文化产品者；但出于研究、保护与开发历史文化资源的群体或个人也是这一主体的组成部分。在历史文化资源数字化主体中，利用主体占人数最多。陕西历史文化资源由于具有丰富性、思想性、地域性等特性，使得其数字化利用主体尤其是享用主体更是不仅仅局限于陕西省内，陕西省外以至国外都存在陕西历史文化资源数字化的利用主体，而且，由于数字化网络的便捷性，使得省外国外的利用主体人数更多。

历史文化资源数字化控制主体是指在历史文化资源数字化活动的指导者、管理者与协调者等。陕西作为国际社会中国中的一个省份，使得历史文化资源数字化控制主体不仅仅是陕西省各级党委、各级政府以及与历史文化资源数字化相应的职能部门、有关组织；还要包括国家层面以及相应职能部门和有关组织机构；也还要包括联合国教科文组织等国际性组织。只要是能够在陕西历史文化资源数字化活动中起到一定指导、协调、管理作用的社会有机体，都可以看作是陕西历史文化资源数字化的控制主体。

二、历史文化资源数字化主要研究人员

（一）博物馆和图书馆

博物馆和图书馆是历史文化资源重要的收藏和展示机构，其中图书馆的历史文化资源主要是指古籍以及涉及历史文化的书刊文献。面对"数字化时代"，博物馆和图书馆都在不断加快着数字化步伐，一方面进行数字化管理，另一方面对参观者和读者进行数字化展示。在博物馆和图书馆历史文化资源数字化展示中又包括馆内和网上两个方面。本来，博物馆和图书馆应该是历史文化资源数字化的利用主体，即主要是利用科研院所、文化企业等其他历史文化资源数字化研发主体的研制产品。但是，随着博物馆和图书馆人员的不断钻研、业务水平不断提升以及高层次人才的不断引进，科研水平不断攀升，日益也成为历史文化资源数字化研发主体的重要组成部分。

当前，陕西省博物馆群体主要在文物保护修复与展示方面日益成为历史文化资源研发的重要主体。陕西省拥有陕西历史博物馆、秦始皇兵马俑博物馆、延安革命纪念馆、汉阳陵博物馆、西安碑林博物馆、西安半坡博物馆六座国家一级博物馆，科研实力非常强大。其中，秦始皇兵马俑博物馆与陕西历史博物馆的科研实力最具代表性。秦始皇兵马俑博物馆是举世闻名的大型遗址性博物馆，科研力量比较强大，在国内较早开始了数字化

研发工作。

陕西省图书馆等省内图书馆近年来不断吸收高水平人才，科研实力逐步强大。陕西省图书馆作为全省最大的综合性、研究型公共图书馆，既是陕西地方文献收藏中心、陕西省古籍保护中心，也是全省图书馆业务工作与图书馆学研究协调协作中心，拥有装备先进的计算机管理系统，局域网可实现馆内各站点与主干网络的高速信息传递，并与国内外主要信息网络联网，近年来在数字图书馆建设方面成就非常突出。

（二）高校与科研院所

历史文化资源数字化保护与开发属于很具前沿性的课题，一些具有科研优势的高校与科研院所扮演了重要角色。陕西历史文化资源数字化保护与开发亦是如此，高校与科研院所做出和正在做着重大贡献，在理论研究和产品开发两个方面都有涉足。总体来看，目前高校与科研院所基本上是陕西历史文化资源数字化研发主体的主力军。

西安交通大学机械制造系统工程国家重点实验室，从事包括虚拟制造、仿真和优化调度、网络信息系统、数据库等数字化技术研究，在虚拟现实技术、多媒体技术等人机交互技术以及智能控制技术的开发与应用研究取得了突出成就。该校人工智能与机器人研究所主要进行以计算机视觉与模式识别为基础的智能信息处理，视觉信号统计特性、初级视觉模型、计算机图形学和机器视觉信息计算模型研究；计算视频及面向图像和视频处理的超大规模专用集成电路设计；基于图像信息的智能控制与识别系统和各种图像处理方法与技术。

陕西省还成立了国际古迹遗址理事会西安国际保护中心、砖石质文物保护国家文物局重点科研基地、陶质彩绘文物保护国家文物局重点科研基地、考古发掘现场文物保护国家文物局重点科研基地、科技部文物保护国际合作基地等重要科研机构，门类比较齐全。随着时代不断"数字化"，这些科研机构也将不断成为陕西历史文化资源数字化的研发主体。除了陕西省内科研院所外，一些实力强大的省外甚至境外科研院所也对陕西历史文化资源数字化问题兴趣浓厚，随时也可能成为陕西历史文化资源数字化的研发主体。

在历史文化资源数字化保护与开发理论研究方面，陕西省内以及个别省外高校和科研院所结合科研兴趣以及科研立项状况，形成了不少科研成果。由于陕西在文物古迹历史文化资源非常丰富并极具特色，和其他类历史文化资源数字化相比，很多高校和科研院所对这一方面数字化研发较早并取得了很大成就。古籍数字化也取得了一定成就。今后，陕西高校和科研院所研发主体除了要大力进行文物遗址类历史文化资源数字化研发外，还必须投入一定的人力物力研发非物质文化遗产等历史文化资源数字化。

（三）文化企业和个人

文化企业是指生产、经营和销售文化产品和服务的企业。随着我国文化体制改革的深入，文化企业集团公司越来越多。利用历史文化资源为人们提供的产品和服务，都与文化紧密相关，因而大多从事历史文化资源数字化业务的企业都属于文化企业。与历史文化资源数字化紧密相关的文化企业的主要表现形式是文化公司，包括文化传播公司，网络数字公司等等。按照当前社会发展，文化企业在历史文化资源数字化研发（特别是技术开发）主体中的地位越来越突出。由于陕西历史文化资源的极大丰富性和深远影响性，很多文化企业对此表现了浓厚兴趣。在数字化浪潮中，近年来着手陕西历史文化资源数字化研发的文化企业越来越多，包括陕西省内、省外以及境外企业。

三、历史文化资源数字化利用主体——一般型利用主体

一般型利用主体的利用通常是经过了保护的利用，不会对原有的历史文化资源造成不良影响。历史文化资源数字化一般型利用主体人群散布于各个领域、各个阶层，人数非常众多。特别是随着智能手机的普及，这一人群呈越来越多的趋势，且带有很大的不确定性。在众多的一般型利用主体人群中，兴趣爱好是重要的动力。由于兴趣爱好，一般型利用主体人群或者搜寻有关历史文化资源数字化信息；或者在数字历史文化博物馆或景区进行虚拟参观游览、体验；或者欣赏历史文化资源数字化图文、音视频内容，甚或通过历史文化类网络游戏，进行生活休闲。以上是历史文化资源数字化一般型利用主体的主要三类人群。

陕西历史文化资源具有丰富性、巨大影响行、地域性等特点，并且在中华历史文化中占有极其重要的地位，其吸引力极强，相比较其他很多地域，一般型数字化利用主体人群更多，可以说遍布省内外以至全球。由于网络和数字化产品已逐渐普及，加之人们兴趣的随机性，使得陕西历史文化资源数字化一般型利用主体人群也具有广泛性和不确定性。广大用户随时随地通过网络以及数字化器具虚拟参观游览、体验、视听、阅读等方式享受陕西历史文化资源数字化产品，满足自己的精神需求。按照上文划分的历史文化资源数字化一般型利用主体的三类人群，我们来分析陕西的情况。

首先，信息搜寻者。陕西历史文化资源极大丰富，省内外广大一般型利用主体人群由于工作、学习与精神文化生活需要寻求相关的信息，特别是人们在陕西旅游过程中对文物古迹名胜等旅游景点信息的搜寻。数字化时代，由于"数字化方式可以使分布在世界各地的旅游景点的各种信息方便地被公众获得，旅游资源在网上'一目了然'游客出游也就不再盲目，可以出游前在网上选好地方，并获取该地大量信息"，使得很多游客在游览丰富多彩的陕西历史文化资源之前，往往就要在网上搜寻有关的信息资料。当前，陕西旅游景点网上资料已有不少，很多景区也已通过屏幕等数字化方式来导引游客，古籍数字化工作也陆续展开。

其次，虚拟旅游参观者。这是陕西历史文化资源数字化利用主体中非常重要的组成部分。和前一类型相比，这一利用主体人数更多。旅游信息搜寻者属于即将到达、已到达和返程的旅游人群；虚拟旅游参观利用主体主要是由于时间、精力等因素不能亲身游览陕西的历史文化，在数字化时代，他们可能会采取在数字历史文化博物馆或景区进行虚拟参观游览、体验。

最后是欣赏、游戏者。这也是陕西历史文化资源数字化利用主体不容忽视的组成部分。前两类利用主体多与旅游参观有关，这是很容易和陕西历史文化资源联系起来的人群，但是更为广泛的一般型利用主体却应该是欣赏历史文化资源数字化图文、音视频内容，热衷历史文化类网络游戏，进行生活休闲的人群。由于陕西历史文化资源所具有的魅力，各个群体都可能被吸引。对历史文化知识有一定兴趣的读者很多会选择在计算机或手机上休闲式阅读有关陕西的历史文化图文内容。当前有关陕西历史文化的数字影视更是吸引了越来越多人的注意力。更值得注意的是，年轻一代也热衷于历史文化类网络动漫游戏，他们也是有关陕西历史文化资源数字化一般型利用主体不容忽视的一部分。

第二节　陕西的历史文化资源数字化基础

保护与开发是历史文化资源不可分割、紧密相联的两个方面。历史文化资源数字化使得保护与开发两个方面更加紧密相连，本节主要在对"数字化"系统认知的基础上探讨历史文化资源数字化的知识体系以及相关理论与技术，以建构历史文化资源数字化保护与开发的理论基础。

一、数字化的特点和益处

（一）数字与"数字化"

一般认为，数字化是指将客观事物（信息、信号）抽象，转变为一系列二进制代码，形成"比特"（数字 0 和 1），并对其进行加工、存储、处理、表现、展示和传播的过程。与数字化的信息处理方式相对应的是模拟信号呈现方式。模拟,意思是指相似物或类似物,有"连续的数值"的含义。在信息处理上,模拟方式是把信息作为"连续值"处理,是一种连续的信号。数字化是把客观对象作为"数值"处理,是离散的一串信号。它把一切通过编码变成一串数字(数字 0 和 1),再通过解码还原出来。

1. 二进制

在数学的进位方法上,有我们通常使用的十进制,也有"每十二个月是一年"等的十二进制,也有二进制。在常生活中,二进制是最不常用的进位方法。但是,在只有"0"和"1"的数字化处理方式中,二进制显示了它神奇的一面,"少就是多"。

"少就是多",也可以说,"多就是少""繁就是简"。在计算机等仪器内部,用电子器件的不同稳定状态表示不同的数字符号。二进制中只有两个不同的数字,使得仪器中只要有两种不同稳定状态的器件就可以了。譬如,电路的"关"和"开",电脉冲的"无"和"有",都可以在仪器中表示为二进制中的"0"和"1"。

二进制的"简""少"在仪器中可以表示出任意的"繁""多"。在日常生活中,二进制显得麻烦,但在计算机等仪器内部却不会。因为电脉冲频率很高,1 秒钟就可以产生千万乃至更多的电脉冲。表示一个 10 位的二进制数字,大约 10 微妙就可以了。二进制数系统中,每个 0 或 1 称为一个"比特"。如此,可以创造出一个现实世界之外的、变化万千的世界。

2. 数字化关键在"数字"

"数字化生存"本身是对"BeingDigital"的一种意译,其实也可以译为"数字生存"。人们现在常说的数字时代、数字图书馆、数字博物馆、数字考古、数字电视等,即也源于对"Digital"的翻译。

现在世界上通行的是阿拉伯数字,换句话说,人们说数字一般就指的是阿拉伯数字。传统上,阿拉伯数字是由"0 到 9"10 个基本符号和"十进制"组成。然而,在数字化处理方式"二进制"语言中,只运用阿拉伯数字中的"0"

和"1"。

人类生活中的文字、图像、语音等等，都可以用 0 和 1 来表示。

在日常的十进制数字中，"0"表示"没有"，"1"表示"一个"。在二进制语言中，"0"则表示"没有"，表示"无"，而且更多表示的是"无物在这个位置上"的"0 状态"。与"无""0 状态"相对的则是"有""1 状态"。"1"在计算机二进制语言中表示的不是一个数目，而是表示一种与"0"相反的状态。1 与 0 的关系是"有"与"无""是"与"非""开"与"关""上"与"下"等关系。"1 状态"的真正含义是"非 0 状态"。"0"和"1"组成的二进制数字用最少的基本要素，组成了尽可能多的数字。

3. 比特

比特，是英语 bit 的音译，汉语中也称为"位"。是数学家约翰·维尔德·杜齐议的术语，由美国数学家、信息论的创始人克劳德·艾尔伍德·香农在《通信的数学理论》中第一次正式提出。

比特是构成数字化信息的最基本单位。通常，在 1 个字节里有 8 个"比特"。一个英文字母无论大小写，即为 1 个字节（实际使用 7 个比特）。一个汉字需要两个字节来描述，1024 个字节为 1KB，能表示 512 个汉字；1MB 等于 1024KB，大约可包容多 50 万个汉字；1GB 等于 1024MB，包容更多，以至于可以包容图片、视频等。

（二）数字化的发展史

1. 20 世纪 50 年代：英文、数字符号阶段

这一阶段，数字化语言采用英文符号和数字表达，使用 ASCII 技术码，即"用于信息交换的美国标准代码"，并规定了用 8 "比特"来表示所有的数字、大小写英文字符、标点符号和其他常用符号，表达 256 种不同的信息。这种技术使人类进入到数字计算的时代，科学家和工程技术人员可以用计算机进行大型的数字计算，也可以用类似的技术来记录声音和颜色，从而可以发射导弹、预测天气等。这一时期，数字式计算机刚刚在美国、英国

的一些大学科研机构里陆续出现而数字化技术的首创、制作主要来自美国，数字化仅仅在科学技术领域内运用，只有积少数处于尖端领域的科技人员才能接触到计算机。

2.20 世纪 60-70 年代：图形阶段

1963 年，"计算机图形学之父"伊万·苏泽兰在麻省理工学院提交了博士论文，为数字化技术在图形学领域开辟了道路。1965 年，苏泽兰又发表了论文《终极显示》，对未来数字化虚拟世界做了预见性的描绘，提出了感觉真实、交互真实的人机协作新理论，提出了数字化虚拟现实技术实现的基本方案，成为数字化技术的重要里程碑。1966 年，美国麻省理工学院研制出第一个"头盔式显示器"，随后又将模拟力和触觉的反馈装置加入系统中，让用户可以模拟接触到一个虚拟的世界。1966 年，苏泽兰推出了"三维头盔显示器"，从而在数字化技术方面迈出了重要的一步。

20 世纪 70 年代，美国洛克西德飞机公司完成了一个用于飞机设计的交互式图形数字化处理系统，即 CADAM。该系统能够绘制工程图，进行分析与产生数控加工纸带，在许多国家得到应用。之后，许多新的更加完备的图形系统不断被研制出来，数字化图形技术进入了实用化阶段，显示出广泛应用数字化显示技术和交互式技术的新时期的到来。

3.20 世纪 80—90 年代中期：文字、多媒体阶段

这是数字化的快速发展阶段。从 20 世纪 80 年代起，数字化发展到了文字处理阶段，这时计算机的功能从处理数字、字符扩展到文字，使人们真正认识到计算机是一种"新工具"，带来了科研工作者的"大换笔"和"大换脑"，极大地改变了人们认识、改造自然和社会的手段。很快，计算机已完全能处理声音、颜色、图形和图像，数字化也进入了多媒体时代。大约从 20 世纪 90 年代开始，计算机真正"进入寻常百姓家"，开始影响人们的工作、生活、休闲和娱乐。

20 世纪 80 年代，数字化已作为可行技术而被人们，开始应用于商业。

这一时期，美国加州大学迈克尔麦格里威博士在军方资助下创造了飞机场虚拟环境，获得成功，并轰动了科学界、工业界和军事界。20世纪90年代用于交互游戏中的商业数字系统开始被出售。这样，数字化以美国的军事工业需要为开端，并逐渐应用到教育、医疗领域，并以其巨大的商业功能向工业、服务业等全方位渗透。

4.20世纪90年代中期至今：多媒体虚拟化阶段

从1995年开始，网络把不同世界上不同的国家和地区连接在了一起，把更多分别处于孤立状态的人们连接在了一起，人类社会开始进入网络时代。网络是网络技术、数据库技术和人工智能技术结合的产物，但其技术基础仍然是数字化技术，数字化在网络上更是大显神通，加速了信息的数字化传播。这一阶段，数字化技术进一步普及开来。由于有了更多人的互动参与，反过来使得数字化技术进一步飞速发展。

网络和多媒体技术的迅速发展使虚拟成为可能，数字化进入到更高的发展态势—虚拟化。从苏泽兰"虚拟理论"的提出到真正进入虚拟化阶段，其中虚拟化的核心特征就是数字化技术。虚拟化符号几乎可以将所有的社会现实存在物加以虚拟化，这是数字化目前发展的最高阶段。数字虚拟化从物性的虚拟到物体的虚拟，再到人的虚拟。随着时代的发展，虚拟化的程度越来越强，范围也越来越广。目前，数字虚拟化的社会广度得到了极度扩展，数字化设计、数字化商业、数字化制造业、数字化服装、数字化书刊、数字化博物馆、数字化政府、数字化城市、数字化军队、数字化校园、数字化教育等等，使数字化虚拟成为一个越来越广泛的社会现实。

（三）数字化的特点与益处

当前，数字化已深入到社会的方方面面，人类社会已进入"数字化时代"，人们越来越在进行"数字化生存"，锐不可当的数字化潮流使人们越来越多地接受数字化的信息，发布数字化的指令，生产和享用数字化产品，进行着数字化交流。之所以如此，因为数字化明显的特征与巨大的优势。

1. 数字化发展的特点

第一，日益发展的数字化潮流分散着商业及计算机业自身的权力。传统上，"管理信息系统"高管总是在高规格的房间里发号施令。随着数字化生存，这种情形将越来越少。思维机器公司本是著名计算机科学家丹尼·希利斯一手创办的超级计算机公司，短短数年间，向全世界推出了大规模并行处理计算机架构，结果最终公司解体了。思维机器公司解体的原因就是因为随着数字化的发展，其大规模的并行处理体系结构可以由低成本、大批量生产的 PC 相互联结进行处理，而将其代替。

第二，数字化生存强力促进着"全球化"。数字化的发展推动着网络以及计算机技术的不断发展，主要由这三者联合起来，使得世界已经缩小成了"地球村"。数字化不仅改变了信息的物理记录方式，对人类活动来说，更意味着压缩了信息交流的物理距离。

2. 数字化的特征

第一，数字化生存使得人们更加追求和谐。因为数字化，过去泾渭分明的学科之间不断融合，以往可能你争我斗的企业也开始以合作取代竞争。面对数字化，人们拥有前所未有的共同语言，人们因此跨越国界、跨越年龄，相互了解。数字化多媒体通信，可以让全球不同区域的科研工作者同时进行同一个前沿的科学实验；或是不同地点的学生同时学习、探讨一个最新的方法理论。人们还可以在数字化的虚拟世界里不同角度不同方式尽情发挥自己的聪明才智，尽情享受数字化虚拟世界的浪漫与欢乐。

第二，数字化生存赋予了人们更多的权力。在传统的世界里，大多数人们总是"保持沉默"，属于"沉默的大多数"。数字化的飞速发展越来越使世界触手可及，人们越来越容易进入世界，加速信息迅速流播并引发变迁，人们随时可以知晓天下大事并通过"直播"等数字化载体传输自己的思想。数字化发展的趋势一方面可以使更多的信息让人们知晓，另一方面也使得很多事物不能不使人们知晓。这些，也正是数字化生存所赋予的权力。

第三，是跨越时空性。对于产生于人类头脑中的精神思想和文化遗址遗存来说，可以跨越历史，遗址遗存往往还可以成为历史的见证，但是通常难以跨越空间。可移动文物也可以通过运输手段跨国巡展，或变换存藏空间，但是不可移动文物如历史遗址等就不可能变换空间。而数字化则可以随意变换空间，而且借助网络可以瞬间变换；数字化也可以穿越时间，保留最真实的历史记录。

第四，是虚拟现实性。数字化世界是虚拟的，但通过其先进的技术却可以做到和原型完全逼真。数字化的虚拟并非虚幻、虚假或虚构，它强调的是实际效果。以数字化为基础的网络技术以及多媒体技术来模拟现实，可以达到模拟现实世界的效果，再加上人—机交互感应，会让人们产生出一种身临其境的"在场感"。

数字化技术虚拟的真实存在感，并不一定直接来自对现实世界的反映，而更主要的是人们自己营造的结果。"网际网络的'空间虚拟真实'，指的并不是由计算机所创出与真实环境相似的虚拟实境，而是指借由人类内在的心理反应之认同产生的一种真实的感觉。

数字化技术虚拟是低成本复制性。传统的方式，复制一件物品往往费时费力，而且往往达不到和原件完全一致的效果。但是，利用数字化技术，一方面可以虚拟真实；另一方面，一旦把事物数字化完成，就可以轻轻地点击鼠标反复复制，所有的复制品和原件没有任何区别，整个过程成本极其低廉。数字化的这种特性，在工作生活中，可以大大节约成本，减少人力，并能够通过网络传播实现资源共享，而且越是大型场景式，越是高技术含量，效果越是明显。

3. 数字化的益处

数字化的特征在很大程度上也已经反映出其所具有的一些优势，例如数据压缩和纠正错误的功能。这两个功能优势，使得电视广播业等方面，成本费用大大降低，而又能接收到高品质的画面和声音。数字化纠正错误的功能在工艺设计与文物修复等行业优势也极为明显，大大促进了这些行业的技术进步与发展。此外，数字化具体的优势还表现为：

一是可以高速、便捷地通过网络等方式进行传输，实现资源共享。只要有一个网络终端，随时随地都可以迅速地发出或接受数字化信息资料。

二是可以迅速、方便地进行检索、调用信息资料。现代社会的信息无穷无尽，仅其中的文献资料也是浩如烟海，因此，这就存在一个人们对信息资料的检索、调用问题。一方面，需要对自己本人拥有的信息资料进行检索、调用；另一方面，更需要对外界信息资料检索、调用。数字化信息资料既可以在自己的数字化仪器（通常是电脑）中迅速、方便地进行检索、调用，也可以通过网络，不受时间与空间的限制，可以不必亲临现场，可以在任何时间、任何地点通过数字化仪器迅速、方便地检索、调用，以达到自己的使用目的。

三是可以方便灵活地进行图文声像与数字信息的双向转换。数字化技术的发展，使得人们可以随时利用数字摄影、摄像仪器把需要的图文声像资料转换成数字信息，也可以随意利用数字化仪器把这些数字信息转换成相应的图文声像资料，而不再像以前拍照后还需要冲洗照片或必需录像带以及专门的放映机，需要很多仪器、程序和步骤。

四是可以方便自如地对资料信息进行修改、编辑、排序、移位、备份、删除和增补。通过传统的方式，要对资料信息进行修改、编辑、排序、移位等工作，程序非常繁琐，费时费力费材料，还不一定能够到位，而且最后往往要另出清样，而利用数字化技术，基本上是随心所欲。传统方式对资料的备份需要借助另外的工具，而在纸质文档中进行删除和增补，通常最终也要清样，否则，就不是一份完美的文档；数字化方式的删除和增补则可以随意删除和增补，丝毫不影响文档的美观。

二、历史文化资源数字化的基础

历史文化资源数字化，具体是指通过数字考古、数字采集、数字存储、数字处理、数字修复、数字展示、数字传播等对历史文化资源进行转换、再现、复原形成可共享、可再生的数字资源形态，并以新的视角加以解读，以新的方式加以保存，以新的需求加以开发利用。历史文化资源数字化包括了丰富的知识体系，涉及众多相关先进技术，已成为历史文化资源保护与开发重要的新路向，更加有利于历史文化资源保护与开发。

（一）历史文化资源数字化知识概念

历史文化资源数字化涉及历史文化资源的数字采集、数字处理、数字考古、数字修复、数字保存、数字管理、数字集成、虚拟现实、数字出版、数字传播等。其中，虚拟现实是历史文化资源数字化中极为重要的知识概念。

1. 数字保存与数字管理

数字保存，是指充分利用数字化技术对历史文化资源相关资料进行全方位和各种形式的数字化存储。数字保存通常是历史文化资源科研院所、数字图书馆、数字博物馆以及其他相关机构等数字资料的主要保存手段。历史文化资源相关机构通过计算机、数据库、磁盘阵列、光盘塔、网络等工具载体以及一系列相关规定、协议，实现历史文化资源共享，发挥其作用。

数字管理和数字保存紧密联系在一起。历史文化资源的数字保存必须进行相应的数字管理。数字管理是指利用计算机、通信、网络等技术以及统计技术等对历史文化资源信息资料进行程序化管理，具体就是指将历史文化资源信息数字化后形成的各种结构化、非结构化或半结构化的数字资源建设成档案、索引、著录等数据库，并集成信息系统。数字管理广泛应用于历史文化资源数字化保护与开发的各个方面，为具体应用提供数字资料来源，以备搜索查询与共享交流。

2. 数字出版与数字传播

数字出版是建立在计算机技术、通讯技术、网络技术、流媒体技术、存储技术、显示技术等高新技术基础上，融合并超越了传统出版内容而发展起来的新兴出版业态。数字化出版整个出版过程中，将所有信息都以统一的二进制代码的数字化形式存储于光盘、磁盘等介质之中，信息的处理与接收则借助计算机或终端设备进行，强调了内容、生产模式和运作流程、传播载体和阅读消费、学习形态的数字化。数字出版包括数据库、软件读物、电子书、数字期刊、数字报纸、博客、直播等主要具体形式。

数字出版是数字传播的重要形式。数字传播是集合了语言、文字、声像等特点的新的传播途径，具体指以数字化技术、多媒体技术和以网络传播为主体的能提供多种传播方式来处理包括捕捉、操作、编辑、储存、交换、放映、打印等多种功能的信息传播活动。数字传播把各种数据和文字、图示、动画、音乐、语言、图像、电影和视频信息组合在数字化仪器上，可以主要通过有线、无线网络、有线电视以及各种数字电视网络进行传播，并以此为互动。

3. 数字集成

数字集成是指集众多历史文化资源数字化保护与开发多种技术为一体的综合应用，是历史文化资源数字化的高级阶段。数字古籍图书馆和数字博物馆是历史文化资源数字集成两个最典型的应用。在数字古籍图书馆和数字博物馆建设中，就需要利用数字化技术对众多古籍、文物进行全方位和多形式采集、标准化存储和加工，并通过网络和一系列相关规制、协议实现资源共享、开发和科学管理，最终为人们提供科研、展示、交流、教育培训和休闲娱乐等服务，成为大型综合信息系统。

4. 数字采集与数字处理

历史文化资源数字采集包括数字文本、数字摄影、全息拍摄、数字遥感、数字勘测、图文扫描、立体扫描等。数字记录不仅可以保存在数字磁带、光盘、U盘、计算机等介质上，还可以利用多媒体网络数据库来存储和管理，使其完整有序、便于检索，并能够方便快捷地通过网络提供全方位的内容管理与服务，从而发挥效用。

数字处理是指对数字记录信息进一步加工处理，从而更好地保护、展示和利用历史文化资源。数字处理过程"包括数字编录、格式转换、编码压缩、图像处理、特征提取、数字建模、数字创作等"。经过数字处理后，历史文化资源数字化的信息价值以及依托网络的服务水平将会得到大大提升。

5. 数字考古与数字修复

数字考古指运用各种数字化技术开展考古工作，包括现代测绘技术、遥感、地理信息系统技术、VR技术、数据库技术和网络等技术。数字考古不仅是充分运用各种先进技术进行考古工作的重要手段，更是数字时代对考古学研究提出的要求。数字考古技术充分运用在考古调查、发掘、研究中的图形、图像、文本、声频、视频、光盘存储、电子印刷和网络通信之中，使考古学研究紧跟数字时代发展的节拍。

数字修复则是指运用数字化技术对文物进行保护与修复。随着计算机图形学、计算机视觉与虚拟现实等技术与设备日渐成熟和完善，人们开始逐渐利用其对珍贵文物进行数字化保护与修复。最常见的是建立三维模型，即利用计算机技术模拟出文物的最初状态到破损现状的渐变过程，并据此估计可能变化的趋势，从而完成真实文物的修复工作。为了进一步推进文物数字修复技术，人们已开始研究如何把人工智能、多媒体与传统图像处理相结合，来提高所修复文物的逼真程度。

（二）历史文化资源数字化的处理技术

1. 数字图像处理技术

数字图像处理是历史文化资源数字化基本性的关键技术，包括图像颜色特征提取、纹理分析、形状分析、图像对象分割、序列图像运动分析以及图像数据分类与组织、图像校正、图像拼接等技术。其中，比较重要的、经常会运用到的则有图像压缩、图像变换与图像检索技术。

图像压缩是指按照某种方法从给定的历史文化资源图像信息中推出简化的数据表达，从而达到减少数据量目的的图像处理过程。图像变换是为了较容易从图像中提取所需的信息或为了更好地使用图像而对历史文化资源原始图像进行加工处理的过程，主要包括图像增强、图像恢复和图像编辑技术。图像增强是为了突出图像中的某些有用信息，同时削弱或去除某些无用信息，而使得处理后的图像对某种特定的历史文化资源表现比原始图像更加适用。图像恢复是指将恶化了的图像恢复到原来真实的图像。图像编辑包括对图像格式、大小、色彩、降噪（去污点）等增强图像真实度或清晰度的处理技术。图像检索是指从海量的图像中找出某一幅或多幅特定图像。传统的图像检索方式，一般要在图像存储之前抽取其特征形成关键词，连同图像一起存储，检索时根据用户的关键词检索出相应的图像。

2. 多媒体技术

多媒体技术是融计算机、声音、文本、图像、动画、视频和通信等多种功能于一体，对多种信息综合处理、建立逻辑关系和人机交互作用的技术。多媒体技术使音像技术、计算机技术和通信技术三大信息处理技术紧密结合起来，为历史文化资源等信息处理技术发展奠定了新的基石。在历史文化资源数字化中，多媒体技术的应用主要体现在数据表示技术、创作和编辑工具、存储技术和集成发布技术等。多媒体技术是历史文化资源虚拟现实技术的重要支撑技术。在历史文化资源数字化保护与开发过程中，多媒体技术几乎随时都可以用到。

3. 数字内容管理与发布技术

124

数字内容管理与发布技术系统由分发服务器、管理服务器以及相应的模块组成。内容管理相应模块包括内容分发模块、分发管理模块与版权管理模块。内容发布模块包括流播发布模块、自动模板模块与 Web 应用模块。

流播模块又主要包括录播、直播和单播等子模块。自动模板模块负责制定网页发布规则、模板样式、自动发布时间等，并把自动生成和更新的页面上传到服务器上。然后，Web 应用模块自动向用户提供多种格式的音视频播放等服务。

4.3S 技术

3S 是指 RS（遥感）、GIS（地理信息系统）和 GPS（全球定位系统），技术则是指将三者有机结合的一种数字化技术。3S 技术充分运用于数字考古、址保护、景区规划等工作以及相应管理程序之中。

3S 作为空间信息获取和更新的重要手段和工具，具有覆盖范围广、分辨率高、穿透能力强以及探测时无损遗产等优势特点，在遗址、古建筑等历史文化资源数字化建设中，根据情况合理运用，可以最大限度地"获取（其）三维几何数据、数字高程模型、数字正射影像数据和精确的三维纹理数据。由于遥感数据中包括空间坐标信息和地物属性信息，所以遥感数据可以转换为 GIS 数据，并能够与 GIS 数据进行叠加和融合。GIS 是 3S 整个的核心，具有缓冲分析、网络分析等空间分析和处理能力，GPS 与和 RS 技术结合，可以实现对遗产资源的实时监测、规划和管理。"其中，GPS 具有全球全天候、连续实时性的导航和定位功能，能够提供遗址、古建筑等文化遗产准确的三维空间、速度和时间信息，在 3S 技术中非常重要。

（三）数字化技术可以帮助历史文化资源的保护与开发

随着数字化技术与新媒体技术的迅速发展以及计算机、智能手机与网络的大范围普及，数字化热潮在全球不断升温，深刻影响着社会各个阶层，数字资源已经成为不可替代的社会核心资源之一，历史文化资源数字化保护与开发已成为文化传承创新的重要途径。

1. 数字出版能够帮忙历史文化资源实现最广泛的共享

包括历史文化资源在内的文化资源共享是信息化时代发展的必然要求，随着数字技术与网络技术的日新月异，这种要求进一步增强，需要越来越广泛的共享。数字出版与数字传播等方式的出现与迅猛发展，为历史文化资源共享提供了良好的平台。随着数字技术与网络技术的不断进步和深化，历史文化资源数字信息从桌面出版、电子出版、网络出版、游戏出版发展到手机出版，出版速度极快且成本较低，使历史文化资源产品迅速广泛向社会传播。除了数字出版外，基于数字媒介统一平台而建立的数字博物馆等形式，也将多种媒介形式的历史文化资源信息相整合，借助电信、无线通信、互联网、有线电视以及各种数字网络进行广泛传播。数字出版与数字传播和传统的历史文化资源出版、传播方式相比较，可以打破时空限制，用户几乎可以随时随地进行分享，从而使得历史文化资源得到最大限度的共享利用。

2. 数字化为历史文化资源的产业化提供了发展空间

面对历史文化资源，人们总是很容易处于保护与开发的矛盾之中，传统的开发方式多多少少都会带来对历史文化资源的破坏，往往面对越是优质的历史文化资源，越不敢下定决心进行产业开发。随着数字化时代的到来，这一难题日益将得到破解。数字化技术的发展为历史文化资源产业化开发提供了越来越广阔的空间。利用数字化技术，可以在不破坏文化遗产原貌的状况下进行大力开发其文化价值和经济价值对于从文献与口耳相传而来的历史文化资源，利用数字化技术，更不仅有利于其保护传承，而且有利于逼真、立体性的开发，并形成文学影视、动漫游戏等形式的产业链，以推动文化产业发展。通过数字化技术对历史文化资源进行产业化开发，转化为文化生产力，形成一定规模的经济效益，并可以进一步调动人们保护和传承历史文化资源的积极性。

3. 数字记录与数字保存可以帮助保护历史文化资源的整体性

按照传统的保护方法，文物历史文化资源通常是陈藏于博物馆中，"但是文物一旦脱离了它原始的环境，便造成了整体观念的分离，对文物本身的特性而言是一种损害。博物馆或相关保护机构可以利用多媒体、虚拟现实等数字化技术和设备，重造'体验型博物馆'，让观众通过遥感器在虚拟的文化遗产空间漫游，了解文化遗产的整体效果，复原和再现一个全面而完整的意义空间，从而充分发挥文化遗产的教育作用。"以文字记录、人物采访、摄影录像、物品收藏等传统的非物质文化遗产保护方法尽管保存了大批珍贵的历史文化资源，但是图书资料的生霉、录像带的老化等缘故，很容易使非物质文化遗产信息失真，而且与文物等历史文化资源一样，非物质性历史文化资源离开其形成发展环境即生存空间特性，往往也很难将其作为一个完整的整体予以保护。数字技术在非物质文化遗产保护中运用，不仅能更好地整理、收集、记录相关信息，而且还"可以达到传统保护方式所不能达到的展示要求与保真效果，更为安全和长久地保存这些弥足珍贵的非物质文化遗产"。

4. 数字复原与数字再现更有利于历史文化资源有效传承

历史文化资源保护的目的是为了传承，数字复原与数字再现在数字记录与数字保存历史文化资源的基础上，为历史文化资源的有效传承提供了先进有效的方法与手段。历史文化资源通过数字复原与数字再现等技术手段后，制作成数字化虚拟信息资源，可以供人们学习、交流与创新。例如，采取3D数字动画技术，通过图片、视频等丰富形式，复原、再现历史文化现象、场景、事件或过程；利用虚拟现实技术生成真实感的历史角色、动作、情景等，使人们加深对历史事物的认知理解。和传统的展示方式相比，文物等历史文化资源利用数字化虚拟技术，将声、光、电产生的效果全方位、多视角，或平面显示，或全景、立体空间复原再现，使观众更加全面体验享受历史文化资源的愉悦，大大有利于其有效传承。另外，通过网络技术或数据光盘将相关历史文化资源数据上传至系统的高端，还可以实现历史文化资源信息化更为广泛的交流，让更多人增加对区域历史文化资的了解，大力传承历史文化资源。

第三节　陕西视角下历史文化资源数字化和文化产业进程

一、历史文化资源数字化与文博旅游产业

文博旅游产业主要是指以文物、非物质文化遗产与博物馆等历史文化资源

为开发对象的旅游产业，但也包括通过对文物的保护、修复、管理、交流、外展、评估鉴定咨询，复仿制、印刷、音像、相关演艺等各种产品和服务所形成的产业，因此又可称为文博相关产业，其中旅游产业最为重要、突出，整个产业中的许多门类也往往围绕旅游产业展开业务，故称其文博旅游产业。文博旅游产业是文化产业的重要组成部分。由于得天独厚的历史文化资源优势，文博旅游产业在陕西文化产业发展中占有极其重要的地位。面对数字化时代，历史文化资源进行数字化保护与开发有利于促进文化产业发展，首先就表现于能够延伸产业链，推动、做大文博旅游产业。

（一）数字化旅游业

和数字化、网络化等新兴文化产业相比，旅游属于比较传统的文化产业，其中利用文博历史文化资源所开发的文化旅游业占到了很大比例。随着时代的变化，人们旅游的方式和旅游内容所呈现的方式在不断发生着变化。而今，人类进入到数字化时代，数字化旅游业也随之扑面而来。

数字化旅游业通常又称为"数字旅游业"，是指以传统的旅游资源为基础，以数字化技术为支持，通过一定的软硬件设备以及网络等渠道为人们提供数字化旅游产品和数字化旅游服务而形成的产业。数字化旅游业可以包括三个层面的内容：一是提供数字化旅游服务，主要包括旅游信息数字化以及与之相关的服务；二是数字旅游产品，通过文化创意与信息技术利用旅游产业将其包装推向市场，包括旅游动漫、数字虚拟旅游等；三是包括与旅游数字化发展相关的软、硬件设备而延伸形成的产业。

（二）数字化历史文化旅游业

历史文化旅游在旅游业发展中占有极其重要的地位，陕西因为得天独厚的历史文化资源更是极为重视历史文化旅游业发展。面对数字化时代，陕西历史文化旅游业也必须与时俱进，充分发展数字化历史文化旅游业。通过发展陕西数字化历史文化旅游业，可以进一步推动陕西文化产业大发展大繁荣。当前陕西数字化历史文化旅游业已取得了一定的成就。但是，随着数字化时代的深入，陕西数字化历史文化旅游业也必须进一步深入发展，必须充分利用陕西极具特色的历史文化资源与实力雄厚的科研优势，形成新形势下陕西数字化历史文化旅游产业，壮大陕西文化产业规模。

相关软硬件设备，不仅仅是数字化旅游业的基础，它同样是数字化旅游业的相关组成部分，是一种旅游业和信息产业融合形成的新兴业态。由于这种新兴业态在服务内容上更偏重于旅游角度，使得完全可以将其看作是数字化旅游业的重要分支。陕西省旅游资源极大丰富，尤其是在历史文化资源方面对国内外游客有着非凡的吸引力，在当前文化产业大发展大繁荣时代，必须将其做大做强。这就要求陕西旅游业必须拉长产业链，必须顺应数字化时代趋势，打造数字化旅游相关软硬件设备产业链条，扩大旅游产业规模，并充分利用好相关数字化软硬件，把陕西旅游业做精做强。陕西历史文化旅游资源极具特色，在当前数字化时代，要做大做强数字化历史文化旅游产业，就必须拥有相应的专门数字旅游软硬件设备予以支撑。全省历史文化景区景点众多，需要大量的数字化软硬件设备，打造数字旅游软硬件产业首先在省内就有着巨大的市场需求；另外，在做好省内市场的基础上，还可以进一步瞄准省外和国际市场。

（三）数字化时代文博新兴产业

近年来随着文化的繁荣与发展，文博相关产业日益成为文化产业的重要组成部分。进入数字化时代后，由于文博机构自身技术以及机制等因素的限制，很多历史文化资源数字化保护与开发工作采用的是企业化模式，从而逐渐形成并发展成了一系列文化产业的新兴产业。这一新兴产业对于文博大省陕西来说，有着重要意义。陕西历史文化资源极大丰富，文博机构及其从业人员众多，其所延伸的文博相关产业本身就有一定基础。数字化时代，在陕西省内可以充分发挥丰富的历史文化资源与科教大省优势形成依托历史文化资源数字化保护与开发专门机构与企业的文博产业。目前，陕西省历史文化资源数字化保护与开发的研发与制作已为这一新兴文化产业进行了良好的发展。

二、历史文化资源数字化与传媒产业

传媒产业是指生产、传播各种以文字、图形、艺术、语言、影像、声音、数码、符号等形式存在的信息产品以及提供各种增值服务的产业。传媒产业传统上包括图书、报纸、杂志、电影、广播、电视等媒体；随着数字新媒体的兴起，网络、手机、数字出版、数字影视、户外与楼宇数字媒体等日益都成为传媒产业的重要载体。传媒产业是文化产业的核心组成部分，要实现文化产业大发展大繁荣，必须大力发展传媒产业。传媒产业在文化大发展大繁荣过程中扮演着重要角色，陕西省必须不遗余力地发展传媒产业。当前，陕西传媒产业发展的一种重要途径就应该是充分利用历史文化资源数字化推动发展。

（一）历史文化资源数字化进程促进陕西传媒产业的发展

在当前数字化时代，传媒产业已站在了一个新的历史起点，世界各国的传媒产业都在数字技术的影响下发生着巨变，一方面"传统媒体的数字化进程不断提速，无论是电视、广播、电影等电波媒体，还是报纸、杂志等纸质媒体，都在数字技术的推动下进行着转型；另一方面，数字技术也催生了大量新型媒体形态，数字电视、手机媒体、移动多媒体广播等迅速发展起来；同时，随着互联网的普及，与数字技术密切相关的网络传媒产业也日益发展壮大，成为文化产业的重要组成部分。因此，这就要求传媒

输入内容也必须不断数字化。目前，陕西历史文化资源数字化已取得了很大成果而且还在不断努力。在当前传媒产业数字化转型阶段，如果陕西传媒业界能够充分把数字化形式的历史文化资源融入各种数字媒介，以历史文化的独特魅力使陕西数字传媒影响力得到显著提升，从而以充分的文化性、独特性占领数字化新媒介产业高地，陕西传媒产业无疑将会跨越式的发展。

（二）利用历史文化资源益处推动传媒产业的发展

传媒产业作为一种"注意力经济"与"影响力经济"，以"内容为王"，属于"内容产业"，在发展过程中必须以丰富性、新颖性、文化性、独特性等方面的内容来吸引尽可能多的公众"注意力"，并通过丰富的方式提升"影响力"来不断将产业做大做强。传媒内容的丰富性、新颖性、文化性、独特性之间紧密联系，相互促进。丰富性与新颖性是传媒业的基本要求，文化性与独特性是传媒业的重要内涵要求。

不断发展陕西传媒内容的丰富性与新颖性是最基本的要求，但更重要的是发展陕西传媒的文化性与独特性。陕西历史悠久而辉煌，文化底蕴极其深厚，陕西传媒业应该淋漓尽致地予以体现，这不仅是陕西传媒产业发展的内在要求，更是陕西传媒内容体现独特性而大力发展的必须表现。面对当前媒介传播日益同质化的形势，陕西传媒业仅仅发展丰富性与新颖性根本解决不了问题，只有极力体现陕西传媒内容的文化性与独特性，并形成一定的品牌效应，尽可能扩大陕西传媒影响力，才有可能大发展。陕西传媒业如何极力体现文化性与独特性，关键在于能否充分利用省域得天独厚的历史文化资源的优势。历史文化资源优势不仅仅有利于发展旅游产业，在现代传媒产业发展中也有重要的作用。陕西不仅仅可以利用历史文化资源独特的优势大力发展文化旅游产业，也可以极力利用历史文化资源独特优势，推动传媒产业突破性发展。

在出版业方面，近年来国内畅销书榜上总可以见到历史文化类图书的身影，陕西师范大学出版社陆续出版发行了《明朝那些事儿》等一系列历史文化类图书，取得了良好成绩。伴随历史文化热的升温，省外出现的《看历史》《大历史》《国家人文历史》等期刊利用历史文化资源吸引注意力，影响力十足，发行市场节节看好。省内外的成功经验表明，陕西出版界必须注重利用历史文化资源，特别是与陕西密切相关的那些能体现中华民族辉煌的历史文化资源，是一座推动陕西出版业发展用之不竭的富矿。同样，陕西广播业、网络业等传媒产业发展也完全可以利用历史文化资源。

利用历史文化资源优势以特胜强，是陕西影视业、出版业以及网络业等传媒产业发展的重要突破口。这不仅仅需要各行业的重视，更需要全局战略规划，在陕西省传媒产业发展规划中突显历史文化资源，通过方针政策引导各传媒业利用历史文化资源。

三、历史文化资源数字化与动漫游戏产业

动漫游戏产业包括动漫产业和游戏产业两个部分。这两部分都是当前数字文化产业中极具潜质的朝阳产业。由于当前许多网络游戏中都是以动漫为基础且动漫产业又很容易衍生出游戏产业，使得两者有着天然的密切联系，故又通常合称为"动漫游戏产业"。

（一）动漫游戏产业的基础是创意

动漫游戏产业属于文化产业中的创意产业，即文化创意产业。作为文化创意产业的动漫游戏产业，重在"创意"，创意是其产业发展的核心和基础。在动漫游戏产业中，尤其是在当代数字网络动漫游戏中，基本都是由人物、景物、画面、场景、动作、表情、声音、对话、情节以及规则、线路、人机互动设计等构成，而这一切都来自研制人员的创意。没有创意，就没有动漫与游戏的具体内容；没有具体内容，也就支撑不起动漫与游戏，更支撑不起整个动漫游戏产业。创意越丰富，动漫游戏产品越丰富，动漫游戏产业越容易壮大；创意越新颖，越会创造出新产品，越会创造出新市

场和新财富。新创意是推动经济增长的源动力，是推动动漫游戏产业发展的源动力。

动漫游戏创意的结果是文化产品，在本质上属于一种文化活动，这决定了其很大程度上又来自文化资源。动漫游戏的创意通常是智能文化资源与其他诸如历史文化资源等交织的结果。其中，以历史文化资源为素材而进行创意的动漫游戏往往又有着意想不到的文化价值与产业价值。

（二）陕西历史文化资源数字化推进动漫游戏产业发展

动漫游戏作为文化产业的重要组成部分发展到今天，已经离不开网络与数字化技术。数字化技术不断推动着动漫游戏产业的发展。一方面，动漫游戏产品的传播需要数字网络、数字影视等载体；另一方面，动漫游戏产品的制作也主要依靠的是数字化技术，创作的素材也要求是数字化形式或转化成数字化形式。这就要求在当前利用历史文化资源为创意素材推动动漫游戏产业发展过程中，相关历史文化资源最好也进行专业的数字化形式转换，并建立一定的数据库，从而会更有利于动漫游戏创作者使用或激发创作灵感。

陕西非物质文化遗产数字化和数据库建设目前在不断进行，一方面使非物质文化遗产数字化资料的数量将越来越丰富，一方面使每项非物质文化遗产数字化内涵越来越深刻。依托丰富的非物质文化遗产数字化材料，即可创制出一大批动漫游戏产品，而便捷与内涵深刻的非物质文化遗产各方面的数字化材料则使得创制出的动漫游戏产品也越来越精美，内涵越来越深刻。这样，无疑推进陕西非物质文化遗产类动漫游戏既有数量的提升，又有质量的提升。

（三）动漫游戏产业的创新源头是陕西历史文化资源

在动漫游戏产业创意中，各个国家和地区不同的文化资源优势往往使其动漫游戏内容热衷于不同的创意素材。当前，陕西要重点发展动漫游戏产业，省内丰富而独特的文物古迹遗址与非物质文化遗产以及生长在陕西的历史文化名人与发生在陕西的重大历史事件等历史文化资源都是非常重要的创意源泉。

1. 从非物质文化遗产的角度出发寻找创意

非物质文化遗产一般都带有浓厚的民族性与地域性，又由于其基本上来自民间而又带有天然的民众性与一定的趣味性。民族性、地域性、民众性与趣味性这些本质特征，使得非物质文化遗产通常又总是能够表现出民俗风格鲜明、造型形式独特、感染力强与大众喜闻乐见的特点。以上这些与动漫游戏作品通俗、轻快、活泼、可爱而又迷人显然是紧紧联系的，从而使得非物质文化遗产成为动漫游戏作品的重要创意源泉。

2. 从文物古迹遗址的角度出发寻找创意

动漫游戏属于内容产业，特色创意内涵非常重要。在陕西独具特色的历史文化资源中，目前文物古迹遗址就可以进行创意研发成动漫短片和小游戏，在文博部门的动漫游戏式展示、学校历史文化方面的动漫游戏式教学、历史文化景区景点丰富旅游产品等方面，就存在着一定市场。而针对宫殿、帝陵等当前动漫游戏热点，陕西动漫游戏研发者则可紧紧依托本省这些丰富的历史文化资源，创意开发相关动漫游戏产品。

3. 从历史文化名人和历史事件的角度出发寻找创意

历史文化名人和历史重大事件由于巨大的影响力和十足的文化力，大多得到了人们的各种演绎。这些演绎或是口耳相传的历史故事，或是文学作品，或是戏剧曲艺，近现代以来则出现了动漫的形式，在网络时代，还出现了游戏形式。历史文化名人和历史重大事件可以被演绎为动漫游戏形式，也就是在动漫游戏创作中以历史文化名人和历史重大事件为创意源泉。

在陕西生长、生活、工作和学习过大量历史文化名人，许多都是有着国际级影响的政治、经济、文化方面的风云人物，不仅是动漫创意的源泉，而且也可以是网络游戏创意的源泉。对陕西丰富而极具影响力的历史文化名人和历史事件等历史文化资源，省内动漫游戏创作者需要善于利用，而

134

历史文化资源探究

非限于跟风时尚类的动漫和网游。

陕西非物质文化遗产是我国非物质文化遗产的重要组成部分，内容丰富并独具地域特色，其中很多都可以成为动漫作品的优质创意素材。秦腔中的不少传统剧目亦可以改编为动漫；关中道情、陕北说书等曲艺均可以呈现动漫形式。

市场潜力的巨大，数字化和数据库建设的不断推进，使得陕西非物质文化遗产动漫游戏产品数量、质量不断地提升，昭示着陕西非物质文化遗产类动漫游戏的蓬勃发展。

第四节　历史文化资源数字化保护和开发模式研究

一、历史文化资源数字化的三种基本模式

（一）政府模式

政府模式主要是指由政府机关（包括内部机构）及政府投资的文化机构（图书馆、档案馆、博物馆等）对历史文化资源进行数字化加工、整理与存储并以光盘、互联网等载体展现，并以无偿方式提供这些历史文化资源数字化服务产品的运作模式。政府模式是把控制主体作用发挥到最大限度的一种历史文化资源数字化保护与开发模式，它完全依赖国家财政拨款，由文化、文物等相关政府机构代表国家组织人力、物力实施并运营。政府模式是当前历史文化资源数字化建设过程中极为重要的一种模式，被国内外广泛应用。

在陕西历史文化资源数字化过程中，陕西数字博物馆项目与陕西省非物质文化遗产数据库建设等项目就属于典型的政府模式，秦始皇兵马俑博物馆等历史文化资源数字化也基本都属于这一模式。陕西数字博物馆、陕西省非物质文化遗产数据库建设以及秦始皇兵马俑博物馆等历史文化资源数字化的政府模式，主要基于我国历史文化资源公有制、非营利性和分级

属地管理的行政管理体制。这些历史文化资源数字化建设的运营、管理与经营等完全依靠政府，政府是投资的唯一主体，建设费用和人员工资全部由国家承担。

（二）企业模式

企业是现代社会不可缺少的组织形式，在社会发展中的各个方面发挥着极其重要的作用。当前，众多国家和地区对历史文化资源保护与开发极为重视，成为社会发展的重要事项，相关企业对此亦热情海湃。面对数字化浪潮，许多企业纷纷把业务延伸到历史文化资源数字化保护与开发方面，并逐渐形成了历史文化资源数字化保护与开发的企业模式。在企业模式中，以企业为主体，或接受委托，或主动研发，对历史文化资源进行各种形式的数字化保护与开发，实现其经济价值、文化价值、生态价值等。企业模式的历史文化资源数字化保护与开发在实质上是一种建立在追求经济效益基础上的文化产业运营。

（三）私人（个人）模式

私人（个人）行为的历史文化资源保护与开发方式亦与时俱进。进入数字化时代，私人（个人）在历史文化资源保护与开发过程中，充分利用数字化仪器与技术，逐渐形成了私人（个人）的历史文化资源数字化保护与开发。和政府模式相比较，私人（个人）模式是由私人（个人）的力量对历史文化资源进行数字化转换，储存于数码相机、个人计算机，通过光盘、互联网等载体以无偿或有偿的方式向公众提供。私人模式实际上是把个体主体作用发挥到最大限度的一种历史文化资源数字化模式，主要是基于个人的兴趣爱好以及对历史文化遗产所具有的保护与传承意识，在当前历史文化资源的保护、传承或传播、开发中广泛存在。私人模式的历史文化资源数字化可以分为一般民间人士的简单行为和具有一定专业技术和历史文化知识的研发人员的专门行为两种层次。一般民间人士包括本地历史文化资源爱好者和外来游客。

陕西历史文化资源的极大丰富并在国内外有着极大的影响性，使得陕西历史文化资源数字化的私人（个人）模式行为尤其众多，群体包括陕西本地人以及陕西省外人士。根据调研，随着数字化仪器的逐渐普及，在陕西省各地普遍存在着当地民众或外来游客利用数码相机（智能手机）等拍摄、录制名胜古迹等历史文化资源，并利用网络平台进行传播。

面对文化产业大发展，企业模式在陕西历史文化资源数字化保护与开发有着举足轻重的作用，在很长一段时期各级政府可能都要鼓励运用这一模式，尽可能最大程度发挥其优势。

二、历史文化资源数字化保护与开发模式选择

（一）政府模式是基础和契机

政府模式是当前历史文化资源数字化保护与开发最为重要的基本模式。今后在很长一段时期，历史文化资源数字化保护与开发需要运行好政府模式，以其为基础和契机，通过资金政策扶持、政府买单、培育市场等方式手段来带动其他模式。

在现代社会发展中，培育私人企业与中间组织，政府有着义不容辞的责任与义务，对于陕西历史文化资源数字化保护与开发同样如此。因此，目前开始进行的陕西历史文化资源数字化保护与开发重大项目工程，政府模式无疑成为当然首要的选择，而其他模式仅仅作为补充。但是，由于认识到面对浩大工程带来的政府财政压力并顺应社会与时代发展趋势，政府模式运行绝不能是全部，只能是在当前状况下，作为一种过渡，形成契机，带动其他模式发展，起到良好的过渡作用。

由于陕西社会经济发展现状与历史文化资源数字化保护与开发的迫切性，当前陕西历史文化资源数字化保护与开发主要采取政府模式，政府及其相关部门发挥着绝对性的作用。运用好政府模式，可以带动整个陕西历史文化资源数字化保护与开发其他模式的运行与发展。

面对数字化时代与本省现状，陕西省通过政府模式努力建设陕西数字博物馆和陕西非物质文化遗产数据库，取得了巨大成就。这为其他模式的陕西历史文化资源数字化保护与开发奠定了比较坚实的基础，为其他模式的数字化保护与开发设置了可资借鉴的技术与思路等方面的模板，也为其他模式营造了一定的社会环境氛围。

（二）综合选用模式

当前各方面状况决定了陕西历史文化资源数字化保护与开发首选政府模式，但这也并非是绝对的，而是应该根据省内不同区域、历史文化资源的不同形式、品相高低、市场与中间组织的成熟度、不同项目、项目的不同阶段等具体情况，综合选用模式。

陕西历史文化资源极大丰富，遍布省内城乡各地的不同区域。当前陕西省内城乡、各地社会经济发展表现出一定的差异性，例如西安市、神木市等地明显发展较好，私人经济和企业规模相对壮大，具备一定的中间组织等要素，对历史文化资源数字化保护与开发工程也相对具有足够的承受力。

陕西历史文化资源划分为文物古迹、古籍文献及历史文化类书刊、非物质文化遗产资源三大类型，它们的表现形式的不同，一定程度上决定了其数字化保护与开发所采用模式的不同。文物古迹类姿态万千，数字化转换难度相对较大，使得要么采用集中财力、人力与物力的政府模式；要么采用大型企业模式；或者政府企业（私人）的模式。古籍文献及历史文化类书刊类形式相对简单，主要是文本形式，数字化转换比较容易，且其中不少为私人所掌握，在拥有一定资金支持的基础上私人模式即可完成，当然对于一些市场看好的历史文化内容，在当前数字化阅读时代，企业模式无疑会必然跟进。非物质文化遗产类历史文化资源比较复杂，其本身是一种动态，是一种现象，数字文本与数字视频是其最基本的数字化保护与开发形态，在此基础之上又可以形成为多种方式。对于非物质文化遗产比较简单的数字文本与数字视频阶段，私人模式即可取得一定成果，而如果要达到一定规模或系统化，或者相应非物质文化遗产数字化产业开发有着良好的市场前景，则企业模式与政府模式等必须跟进。

历史文化资源数字化保护与开发工程极为浩大，包括数字采集与处理、数字保存与管理以及数字展示与开发等众多不同工程、不同阶段，非常复杂。对于历史文化资源的数字采集与处理，工程量较小，私人模式基本就可以应对；而历史文化资源的数字保存与管理也基于传统的方式方法，往往文博等政府部门经验丰富、轻车熟路，政府模式就比较合适；至于历史文化资源的数字展示与开发，由于牵扯到市场问题，则最好采用企业模式等。

总之，模式选择是为有效推进历史文化资源数字化保护与开发服务的，模式并不是僵化固定的，而是必须根据具体情况，综合选用。

第七章 南京方面关于历史文化资源相关的管理机制调整

第一节 关于南京历史文化资源的论述

文化是时间和空间的产物。文化作为人类的一种特殊创造，是在一定的时间和空间中产生、发展和演变的。特定的时空是文化的背景和前提，时空对文化的产生和发展起着作用，从外部为文化的生成、发展和演变界定了大致的范围。对特定地域文化的时空分析不仅可以窥见文化发生的背景，而且可以深入解释特定地域文化的根源和特点。

南京处于沟通长江中下游、黄河长江下游的枢纽位置，在中国历史文化的大时空中，南京历史文化是长江流域区域文化的融合进程催生的，南京历史文化的兴衰则是与两大河流的文明交融和中国文化中心转移的节律联系在一起的，并且最终成为中国农业文明时代政治经济文化中心。这节我们来分析一下南京历史文化资源时间上的历史演变和空间上的横向关系。

一、南京历史文化资源的特征

历史文化既然作为资源，首先它是有限的，也即具有经济的稀缺性。历史文化不仅是经济资源，还是社会发展的因素，历史文化资源肩负着文化承传的重任。

（一）南京历史文化资源的文化传递性

历史文化资源是前人创造的全部物质财富和精神财富及与人类实践活动有密切联系的自然景观的历史遗存和传统文化载体或表现形式。历史文化资源是人类实践活动的产物，它深深地打上了人类活动的历史印记。南京山、水、城、林相映成趣，景色壮丽秀美，是中国著名的风景旅游城市。其实，六朝文化不仅是兴亡文化，也是表达人与自然相亲相爱相融的文化。

（二）南京历史文化资源的经济稀缺性

历史文化资源与许多自然资源一样，是不可能再生的文化资源，破坏了就永远消失了。历史文化遗产虽是唯一的，不可再生的，它的功能和价值却是多重的。历史文化资源的经济价值是不言而喻的。历史文化资源（遗产）地往往是旅游胜地，经济价值很高。历史文化资源的经济价值还体现在文化产业等领域，以历史文化资源为依托的文化产业是一种新的经济增长点，能为后人带来丰厚的经济利益。此外，文化资源的经济价值不仅是指有形的价值，还表现在无形资产的价值上，而无形资产价值往往是最重要的。

南京的六朝文化，从文学形式看表现的是一部悠久的兴亡史。六朝虽逝，隋唐以降，政治中心西移，金陵无复往日的金粉繁华，但金陵有六朝沉淀的历史是无法抹去的，它对后世产生了深远的影响，形成了此恨绵绵无绝期的独特的城市文化资源。唯其兴亡的内涵，才具有经济学所谓资源的价值。因为这种兴亡，深藏着今天的人们对历史的遗迹所产生的无边际的多重需求，也只有南京的历史背景，才能更有效地满足国民的这种需求。因此，南京的六朝文化资源具有稀缺性和不易替代的独特性，优势明显。

南京历史文化资源具有独特的存在价值。历史文化存在的本身就是一种价值，因为它是各种文明的源泉。历史文化资源本身储存着十分丰富的信息，对这些信息及其价值的认识不是一蹴而就的，随着研究的深入，科学技术迅速发展所提供的技术手段愈多，对历史文化遗产价值的深层次认识也会愈来愈多。文化资源的价值具有滞后性。大多数文化产品的功能是在审美过程中释放的，是持久的。优秀的文化产品可满足人们世世代代的需求，是全人类的共同财富。

二、南京城市发展和南京历史文化资源的性能的关系

历史文化资源具有多方面的功能。南京历史文化资源对推动南京社会经济发展、丰富城市文化内涵、塑造城市文化形象、提高城市文化品位、增强城市的集聚效应，提高城市的综合实力等方面起到了独特的作用。

（一）文化资源对南京社会经济发展做出的贡献

文化资源的利用，文化产业发展，成为南京城市新的经济增长点。随着经济结构的调整优化，第三产业在整个国民经济中的比重日益增加，世界许多发达国家都把第三产业作为优先发展和扶持的重点。文化产业作为知识、技术和智力密集型行业，在第三产业中占有重要地位，发展前景十分广阔。近几年来，南京广播电视业、新闻出版业、文化娱乐业、旅游业等文化产业快速发展，创利水平已明显优于一些传统支柱产业，逐步上升为南京经济的重要产业门类。文化产业优先发展战略的实施，文化产业的潜在优势得到进一步发挥，必将提高第三产业发展水平，优化经济结构，促进南京经济持续、快速、健康发展。以旅游为例，旅游业作为迅速发展的第三产业，被誉为 21 世纪的朝阳产业，绿色产业，其发展的原动力就是依托在文化背景下的。长江干支流上的大中型城市甚多，其中不乏地肥水美之所，而南京为何能独树一帜，成为国内主要旅游目的地之一呢？南京市历史文化资源的利用是创造经济效益的得天独厚的重要因素。

文化产业的发展，提高了南京城市的知名度和整体实力。文化产业的发展在城市建设中具有特别重要的作用。文化产业是城市的重要载体，在当今社会经济，文化产业的发展水平是城市发展的主要标志。在制订城市规划、扩大市场规模、完善城市设施、发展城市经济的同时，文化产业的发展在丰富城市文化内涵，塑造城市文化形象，提高城市文化品位等方面起到了独特的作用。大力发展文化产业，进一步增强城市的集聚效应，提高城市的综合实力。

（二）南京历史文化资源的性能

历史文化资源具有多方面的性能：

1. 经济性能

历史文化资源的经济价值是不言而喻的。历史文化资源是传统文化的载体，它首要的性能是带动文化经济的发展，创立有民族特色的文化产业。这种文化产业把古代的历史文化资源和当代的经济生活有机地统一起来，既能使历史文化资源得到可持续发展，又能使经济出现新的增长点。文化资源的经济价值还体现在文化产业等领域，以历史文化资源为依托的文化产业是一种新的经济增长点。

2. 艺术性能

艺术价值的内涵很丰富，主要包括审美、欣赏、愉悦、借鉴以及美术史料等价值。人类在对文化资源的审美过程中陶冶情操，丰富了自己的精神生活。如明孝陵从起点下马坊至地宫所在的宝顶多处不同风格、用途各异的建筑物和石雕艺术品，整体布局宏伟有序，单体建筑厚重雄伟，细部装饰工艺精湛，凝聚了当时政治家、艺术家、建筑师们的才智，构成了一项创造性的皇家陵寝工程的伟大杰作。

3. 有关科学价值方面

历史文化资源是历史的产物，它反映了当时社会条件下生产力发展水平、科学技术水平和人们的创造能力，具有科学价值。作为一种文物，历史文化资源为后人的科学研究提供了珍贵的第一手科研资料。像南朝陵墓石刻的石料取自南京紫金山与栖霞山之间的白山，属于石灰岩。在没有现代化设备的条件下，六朝人将这些石刻搬运到一个个陵墓前面绝非易事。这体现了六朝运输工具和运输水平上的进步。

4. 生态环保性能

历史文化资源是大自然或人类祖先留给我们的。自然文化资源能发挥重要的生态性能，如涵养水土、调节气候、栖息动物、繁衍植物等等，自然文化资源地往往是许多生物的基因库，对保护生态平衡起重要作用。文化资源是民族世世代代的文化艺术创造和科学技术发明的结晶，为我们后人的创造发明提供无限丰富的灵感源泉。如明孝陵所处的地理环境山清水秀，起伏跌宕，且富有传统文化内涵。陵寝依山而筑，周围山水相绕，给置身其中的陵寝营造了拱卫、环抱之势，使明孝陵的人文景观与自然景观高度和谐，堪称中国传统文化、建筑艺术和自然环境相结合的典范。

5. 历史文化资源性能

历史文化资源是在一定历史条件下产生的自然或社会的遗迹遗物等，作为历史的产物，都必然打上时代的印记，反映当时的自然生态状况和社会的政治、经济、科技、军事、文化等状况，具有历史价值；同时历史文化资源还具有很高的文化价值，文化资源本身包含着特有的、丰富的文化信息。

6. 精神性能

历史文化资源为人类连接过去和现在架设了桥梁。历史文化资源是民族精神的载体，每个国家和民族都有自己独特的文化传统，而且这些文化传统往往成为人们为维护各民族的独立、尊严以及争取解放和复兴而顽强奋斗的精神支柱。历史文化资源体现了各个国家和民族长期以来形成的共同心理结构、意识形态、生活习俗等特点，从一定意义上说，历史文化资源是民族精神和传统文化的象征。它对一个国家及其各族人民能够产生强大的凝聚力和激励作用。

历史文化资源的性能和价值不仅体现在对具体文化资源的研究、保护和挖掘，说明个别方面的个别问题上，而且要把微观研究的成果综合起来，在宏观上研究各个历史时期人类社会活动的各个方面及其相互联系、相互制约的社会关系，从不同侧面探索和揭示人类社会发展的客观规律。同时，通过历史文化资源所反映的历史上人类利用自然和改造自然的状况，探索和揭示人类社会活动与自然生态环境之间相互联系、相互作用的演变规律，并运用这些规律自觉地、能动地协调人类社会与自然环境的关系，有利于人类社会的可持续发展。充分发挥文化资源在社会发展进程中的积极合理的作用，是历史文化资源性能和价值研究的最终目的。

三、南京历史文化资源的构成及与周边文化的关系

（一）南京历史文化资源的内部构成

南京历史文化资源的内部构成可分为人文构成和自然构成。

1. 人文构成

南京自然空间的独特结构，成为南京历史文化的舞台，在千年的历史沧桑流变中，南京历史文化依托于自然空间，形成了内部人文结构。南京的内部人文构成可以概括为"三山二水"，三条龙脉、两大水系。

2. 自然构成

南京的山、水在江南并不十分突出，但南京的山与水结合在一起就构成了宝地。南京的地形特点是丘陵、平原相间分布，以低缓的丘陵为主。南京的北面沿江一带以及东郊、南郊有起伏的低山丘陵，对市区形成三面环抱的形状，西北向长江敞开，一环碧玉缺城西。四面山峦拱卫，使得南京城形势险要、气象雄伟，军事上，可攻可守，又是文人墨客可居可游可玩的所在。

（二）关于南京历史文化资源的定位分析

南京在历史上有过很多名称，"南京"的名称虽起于明初，但却是对南京历史文化时空的最好概括。"南京"首先含有文化空间内涵，"南"与"西""东""北"相对而称。中国文化史上确有"南京""西京""东京""北京"之称，虽不同时代有不同所指，但典型的是指南京、西安、洛阳、开封、北京等古都。这些古都与时更替，又使"南京"这一名称中凝聚了文化时间的内涵。南京处于沟通长江中下游、黄河长江下游的枢纽位置，内部山环水抱、形势险要。在中国历史文化的大时空中，南京具有不同寻常的意义。南京历史文化是长江流域区域文化的融合进程催生的，南京历史文化的兴衰则是与两大河流的文明交融和中国文化中心转移的节律联系在一起的，并且最终成为中国农业文明时代政治经济文化中心自北而南、由西而东格局变化的结局。南京历史文化从它产生的那一刻起，还没来得及形成自己的文化内涵时，就被裹挟进了中国文化进程的大潮。如果说，中国有特色的区域文化都有属于自己的那一段发展历程的话，那么南京的历史文化从头至尾都是属于中国文化进程中的大潮。

（三）南京历史文化资源的横向关系

长江、黄河被称为中华民族的母亲河，从中国文化空间的角度说，长江黄河的重要性在于，它们既是贯通融合各自流域东西向文化区域的枢纽，又是相互交汇形成中国文化整体风貌的关键。长江流域文化与黄河流域文化的差异是人们公认的一种事实，大略以长江为界的南北文化区域的划分是人们评价我国人文差别的一种最简明的分类。就南北向而言，最为显著的是长江流域和黄河流域界定的自然空间。

南京既是中国的农业文化区，又是南方长江文化区。进一步说，南京文化处于长江流域的吴越文化与荆楚文化之间，北与黄河流域的齐鲁文化、中原文化相望。从长江、黄河文化关系来说，南京可以说是两大河文明张力作用下的产物。长江自九江以下呈西南—东北走向，进入南京境内急转向东，南京处在长江大转弯的顶端，成为距离中原地区最近的临江城市。

南京本属长江文化的前沿，是南北文化交汇的中心。当南京成为北方黄河文化的退守地时，它甚至又成为黄河文化的大本营。因此，就纵向来看，南京又具有非南非北、亦南亦北的特点。

四、南京历史文化资源的历史演进

南京文化从它出现的那一刻起就是中国文化进程催生的结果，南京历史文化也是在中国文化的进程中获得的。对于南京文化来说，其自身的发展进程与中国文化的发展进程几乎是完全重合的。

（一）中国古代历史上的治乱对南京历史文化的影响

中国历史进程中明显存在着一治一乱的周期交替。在南京历史文化的进程中有一个有趣的现象，每当天下太平强盛时南京往往趋于沉寂，而当天下大乱时却往往成为南京发展的良机。时势造英雄，而乱世往往成就了南京。如果说春秋战国时期南京历史文化的个性初露，在秦汉一统后长江黄河流域的文化交流之中，南京的地理和区位优势就越发显山露水。

中国历史上多次出现的南北分裂局面，南方的政治中心基本都在南京，南京成为北方人力、物力和财力转移的中心。南京历史文化的峥嵘初显就出现在秦汉一统以后的第一个大的乱世魏晋南北朝时期。当然乱世给南京历史文化带来的影响是双重的，一方面南京获得了发展的契机，永嘉之乱、安史之乱、靖康之难成为南京发展的契机；另一方面也给南京带来了一次次的打击。

南京的各种别称多达百余个，在世界城市中绝无仅有，可见南京在历史上经受过的变故之多。南京城在历史上多次经受毁灭性的洗劫，如隋初、南宋末年、明末等等。在看天下一统时的南京。天下一统的秦汉隋唐之时，都对南京采取贬抑的政策。秦汉时南京地区设有株陵、胡熟、丹阳、江乘县，县治均在今南京市郊，而上一级郡治则在今苏州、浙江、安徽等地。

（二）中国古代文化的交融发展与南京历史文化的关系

在中国文化融合的进程中，有两条十分显著的线索。一条是农业区与游牧区的文化交融进程，另一条是黄河流域与长江流域的文化交融进程。中国农耕文明的发祥地是黄河、长江及其间的淮河流域的平原地区。农业民族筑城自守在世界历史上几为通例。在中国历史上，自春秋战国时各诸侯国筑"拒胡"长城起直至清初，农业文化区与游牧文化的冲突与交融一直是中国文化交融的一条突出主线。在游牧文化与农业文化激烈冲突的两晋、两宋之际，恰恰成为包括南京在内的长江以南地区迅速崛起的关键契机。

（三）中国文化中心的转移与南京历史文化

南京历史文化是在中国文化中心由西而东、由北而南转移的节律中发展壮大的。南京本具有沟通长江中下游、黄河长江下游的区位优势，随着中国文化中心的东移南下，南京的区位优势迅速显露出来。自六朝以来，由于下游的自然地理条件优于上中游，长江下游地区经济文化保持了快速发展的势头。

南京地处吴越文化发达区的边缘，并且横贯东西的长江是六朝时期东西交通的大动脉，把上、中游的益、荆二州与下游扬州联系起来，由首都建康往河道密布的太湖流域与浙东地区由运河网贯通起来。地处这条东西交通运输大动脉上的建康，不仅是当时南方的政治和文化中心，而且也是长江流域东西南北的交通枢纽，货物的重要集散地，为东南第一都会、六朝金粉之地。

隋唐以来长江中下游已成为全国首富地区。到唐代中期，地扼东南的南京逐步繁荣起来。南唐时金陵已成为全国繁华的商业都会。宋以后，随着经济文化中心的进一步南移，位于江南中心的南京成为我国江南枢纽、东南重镇，全国政治、经济和文化的一大中心。明代朱元璋定都应天府，是中国古代政治经济文化中心迁移的必然结果，也为中国古代政治经济文化中心的迁移画上了浓墨重彩的最后一笔。南京第一次成为全国统一王朝的首都，也是江南第一次成为全国政治经济文化的中心。

第二节　对南京历史文化资源的管理机制改进

一、建立健全南京历史文化资源的管理机制

文化资源的管理是管理学中的新课题，有着与自然资源管理不同的机制。对文化资源管理的规律还有待于在实践中不断地探索。就目前的管理现状来看，在管理机制方面首先要处理、调整好如下几个方面：

（一）完善文化产业的倾斜与扶持政策，推动文化产业经营

完善文化产业扶持政策抓紧研究制定文化产业投融资政策，充分运用信贷、税收等经济手段，积极引进外资、调动民资参与文化产业建设，加快形成多渠道、多形式的文化产业投入机制。政府要采取多种形式积极有效地介入对文化产业的扶持，可以采取直接投入和筹集各类资金的办法，举办一些具有较大影响的文化艺术经济活动实施文化企业税收扶持政策，通过制定相关法规和政策，对文化产品的生产经营给予税收等方面的优惠。

模化、集团化经营是当今文化产业发展的一大趋势。面对国际和国内的竞争，南京文化产业的发展规模偏小，产业链不长，产业之间的有机联结不密切，产业群体没有很好地形成，产品的规模优势没有得到发挥。要在原有基础上，通过理顺管理体制，调整经营结构，优化资源配置，扩大产业规模，实现资产大规模整合，逐步发展成为多媒体、跨行业、跨地区的大型文化传媒集团。

整合资源,实现强强联合和规模经营。要通过结构调整,优化资源配置,将资源优势转化为产业优势和竞争优势。由于现有的文化资源得不到合理配置和使用，使得文化资源有效利用受到了影响。必须以市场为导向，用改革的办法和措施，对南京的文化资源进行重新配置，充分发挥市场在资

源配置中的基础性作用，促使其合理重组和优化。要打破传统的产业生产、管理方式，更多地引入社会化、专业化现代生产经营方式，逐步实现科学的资源配置。推进制度创新、技术创新、管理创新，实现由产业扩张向产业升级转变，提高竞争力，促进资源优势转变为产业经济优势。

（二）明确政府在文化资源管理中的职能

文化资源保护及开发的行政管理、行政监督与文化市场化经营开发必需分离。如果管理者同时又是经营者，必然会使管理松懈化与经营的强化，导致利用资源方式的破坏性。现有的管理体制，把行政管理职能与经营职能相互混合，违背了政府职能转换的基本方向。

明确政府在文化资源管理中的职能，就是要建立起产权清晰、权责明确、政企分开、管理科学的现代企业制度。历史文化资源景区行政部门应把经营业务分离出来，让予企业运营，不能由一个部门既搞开发经营又搞保护监督。也只有这样景区行政部门才可以专心行使政府管理职能，景区企业也可以按照市场规律和原则开展经营活动。

历史文化资源确是一种稀缺的宝贵资源，发展地方经济不可不加以利用。然而，历史文化资源作为无法估量的国有财产，又不可能全部拨付给企业用来经营使用，因为仅企业资产一项就无法确定。另外，政府在开发时不是唱独角戏，还要动员全社会力量共同开发、共同发展。理论上讲，财富的所有权可以分割为对财富的占有权、使用权、分配权和处置权四个方面。如果把历史文化资源的使用权用时间划段，分为若干经营使用时段，以此用出租、承包、合资、合作、联营、股份等形式出让给企业或作为股份参股经营。这样，文化资源的国家所有性质就不会改变，就可以很好地解决当前历史文化资源在经营管理中的政企不分状况，还能解决文化资源景区企业上市融资技术障碍。

二、关于对南京历史文化资源管理机制的调整改进

笔者认为，要实现对南京历史文化资源的挖掘、保护和利用进行有效的管理，必须坚持市场微观配置与政府宏观调控并重，建立政府对历史文化资源的宏观调控机制。

（一）市场微观调配与政府宏观调控共同发展

在我国文化市场体制形成以来，市场机制的运行使文化资源微观优化配置功能已初步显现出来。一是吸引和激励了社会投资文化事业发展。特别是娱乐业，已基本上靠社会资金建设，这也使国家的投资风险分流。二是培育了文化经营人才，促进了文艺人才的流动。三是拓展了文化商品的流通渠道，加速了文化产品的传播。四是逐步提高了文化产品的质量，注意了文化资源的利用率和产出率。

纯粹的文化市场对文化资源的配置，能起一定的积极作用，但也显出很大的局限性。所以，正如实物商品市场需要市场和计划的混合经济一样，文化资源还必须有政府计划经济的宏观调控，才能够有效合理的配置。

文化资源文化行政计划管理体制是纯粹的以计划机制配置文化资源。这种机制特别重视文化资源精神形态和整体性的作用，以社会效益导向和完全非市场形势支配精神生产的文化资源配置。政府计划调控文化市场总体方向和总体结构，使文化生活总供给与总需求的平衡。政府宏观调控可以制约价格的异常波动，平衡文化资源的价格，充分实现文化资源的价值。

政府调控不仅可以控制市场机制在文化资源价格失衡和供需规律失效，而且能够充分实现文化资源价值的整体性和承传性。政府法规又控制市场竞争的秩序。政府宏观调控可以规定文化的政治思想的价值取向，引导市场文化消费观念趋向。政府制定专门条例包括经济上的进行奖励或惩罚，减少文化资源在经济上有效配置中的负面精神效应，抑制不良文化产品的生产。

政府主导文化市场调节文化资源配置模式是政府行政计划与市场经济

机的有机融合。在纵向关系上，以层次性体现政府计划宏观调控，市场机制微观调节。政府计划调控的是文化市场发展的总体方向和总体结构，市场机制调节的是文化产品流通的具体过程和具体结构，政府计划调控的是文化生活总供给与总需求的平衡，市场机制调节的是文化消费具体供求的平衡，政府宏观调控文化的政治思想价值取向，市场机制调节文化的消费观念趋向。在横向关系上，以政府行政机制和市场经济机制的互补性使两者统一起来。市场信息为政府计划提供依据，政府计划又引导市场信息导向；市场价格为政府制定文化产业税收等政策提供依据，政府的经济政策又制约价格的异常波动；市场竞争为政府制定文化市场法规提供依据，政府法规又控制文化市场竞争的秩序。这种层次性和互补性的有机融合使市场机制和政府机制互相制约又互相补充。为文化资源的优化配置创造良好的条件。

（二）建立政府对历史文化资源的宏观调控机制

政府主导文化市场调节文化资源配置模式的特征。一是建立在文化市场机制上的政府宏观调控。即运用经济政策手段通过市场调整资源配置，而不再是直接介入文化产业的生产与流通；二是以政府的宏观调控完善文化市场秩序，即运用法律与行政手段健全文化市场的法律、法规、规章体系，保护平等竞争，培育和引导文化市场的良性发展。

行政计划体制配置文化资源的手段。1. 行政管理机制。以行政管理系统纵向收集供求信息，进行综合分析，并以此渠道配置文化资源。2. 以行政指令和法规保证文化资源的流向与效用。3. 以"文化奖"形式激励文化产品生产者去争取文化资源的配置。

资源的优化配置必须依赖于信息机制和激励机制。文化资源配置优化过程的信息机制必须是在市场供求信息与价格信息基础上的与文化发展战略相结合的信息处理，其激励机制必须是以社会效益与经济效益，整体利益与局部利益的相对应。文化资源优化配置的内容是与社会文化需求联系在一起的，没有社会文化需求，就不存在文化资源的配置问题。首先，文化资源的配置要与广大人民群众的文化生活需求相适应。即与文化消费的购买力以及知识能力相适应。其次，文化资源的配置与社会整体文化发展需要相一致。即从社会发展需要的角度出发使资源为社会公共文化事业基础设施建设和人才队伍培养发挥作用。具体说来，政府宏观调控的目标有从宏观发展战略上把握资源配置协调文化发展不平衡。完善文化市场秩序，通过资源配置调整利益关系。

第三节　对南京历史文化资源的几点合理利用建议

当历史文化作为资源进入经济运作时，还面临着怎样进行合理利用，以实现其价值的问题。因为历史文化资源的特点和价值的多样性，对其价值的评估和利用，我们不能照搬自然资源的做法，完全由市场来决定，政府必须始终参与其中，采用各种政策和行政手段，正确引导历史文化资源的合理利用，确保其价值，特别是社会价值得到充分地实现，发挥出历史文化资源的重要的社会功能。

一、合理利用的路径和要求

合理利用历史文化资源科学发展观的核心是，社会的发展要以人为本。南京历史文化名城的保护，不是单纯的为保护而保护，其重要目的在于是要为人所用，为社会所用，发挥其历史、艺术、科学等多方面的价值，促进南京经济社会的全面发展。经济社会的全面发展，又会以各种形式，促进南京历史文化名城保护。

（一）合理利用的路径

制订合理利用的规划。根据南京历史文化名城的特点，历史文化资源的特色和类型，着眼于合理利用与建设先进文化的结合，吸收由政府官员、专家学者和社会各界参与的制定历史名城的利用的整体规划和单项规划。

历史文化名城的保护和利用，政府要作为公益文化事业投入保护的基础性工作，引导市场机制，采取适当的手段。对名城资源的保护利用，南京市已有较好的尝试，如以保护南京明城墙所建立的明城墙景观带已经开始实施，现汉中门广场，水西门广场，利用明代皇城门东华门、西华门建立的街心遗址公园等，都取得了很高评价。南京历史文化名城，有古代的灿烂文化，有近代的屈辱与抗争，有现代的光荣与梦想，蕴含着宝贵的历史文化资源，需要我们进一步挖掘、整理、归纳，总结。建设富有南京地方特色的博物馆体系是合理利用的途径之一，博物馆是收藏、保护、研究、展示历史文化的重要机构，南京现有近 70 家博物馆，其中多为历史文博类博物馆世界历史文化名城博览会，是合理利用的创新之作。

发展文化旅游，是合理利用历史文化名城又一种途径。建设特色旅游文化，形成旅游卖点。做强品牌景点。如秦淮风光带则是凭"青砖小瓦码头墙，四廊挂落花格窗"尽显古都文化。同时，可开设主题旅游。如开设"南京古人类探秘""六朝石刻艺术赏游"等之类的主题旅游。政府可通过投资重建或通过建造微缩景观再现历史。如开设红楼蜡像馆和微缩红楼景观公园，再现曹雪芹先生笔下的金陵文化，这必将成为南京文化旅游的另一卖点。

（二）合理利用的要求

历史文化合理利用的前提。科学发展的核心是要求，在发展的同时，注意处理好当前利益与长远利益的关系，局部利益与整体利益的关系，历史文化资源是不可再生资源，对其的利用，要以确保安全为前提条件，要以保护第一，可持续利用为原则，而不是杀鸡取卵，破坏性的挖掘和利用。另一方面，也要明确保护并非是静止不动的被动保护，并非排斥现代文明，排斥现代生活的享受，注重在对传统历史文化的保护中，让生活的其中的居民，更好地享受现代文明的生活，以提升市民的文化素质、城市的文化品位。

历史文化名城的合理利用。利用丰富的文化遗存，打造和提升城市环境和风貌，彰显城市个性。宝贵的历史建筑，记录、承载了历代人民的智慧和创造，同时它们也为城市增添了亮丽的风景。政府有关部门和机构应将历史文化名城的保护结合到城市设施建设、环境建设和城市发展的各个方面，融入城市整体环境之中，为城市增添难得的美景和浓郁的文化氛围。弘扬优秀历史文化、爱国主义、革命传统，提高城市的文明水平。名城资源与传统文化密切相连，与市民素质水平与提高密切相连，有效利用南京历史文化名城的这些优秀资源，为弘扬民族优秀文化、爱国主义思想，为培育南京城市精神和新时期市民精神，为培育和弘扬民族精神，发挥重要作用。城市促进经济发展。将对南京历史文化名城的合理利用与发展先进生产力的结合。根据经济全球化和信息化社会，文化与经济相互融合发展，文化产业迅猛发展的特点，大力发展文化旅游等相关文化产业，以历史名城这一含金量极高的文化品牌，增加南京的美誉度和吸引力，推动南京的经济发展。

二、对南京历史文化资源的评估和价值

南京号称"六朝古都""十朝都会"，历史文化资源十分丰富。其中，六朝

文化资源、明朝文化资源则是南京文化的二大支柱，是南京文化的品牌。充分认识南京历史文化资源的价值，并对其进行正确的评估，是合理利用的前提。

（一）南京历史文化资源的价评估

历史文化资源的价值评估不能完全放手交给市场，因为市场最多只能评估其经济价值，很少有经营者会考虑其社会价值，应由政府有关部门和各方面的专家共同进行这一工作，以实现文化资源的全面、完整的价值。

文化资源的价值评估，这是一个世界性的难题。深入研究这个问题，

对正确认识文化资源的各种价值，正确处理保护与挖掘的关系，全面贯彻"严格保护、统一管理、合理挖掘、永续利用"的原则十分重要。由于文化资源具有广泛而巨大的生态环境功能、文化功能、社会功能和经济功能，尤其是国家级和列入世界文化资源名录的资源，其有形的和无形的价值是难以用货币来衡量的，用"无价之宝"来概括是当之无愧的。

在历史文化资源利用保护实践中，已出现大量的历史文化资源评估问题。在股份制改造、中外合资、技术引进、企业承包、租赁、兼并和产权转移时，都要正确评估财产价值，历史文化资源的估价更不容忽视，建立历史文化资源评估制度已势在必行。

历史文化资源具有无形的特点，我国现有的资产管理法规主要是针对国有有形资产的评估而制定的。随着我国市场经济的建立与发展，在不同性质的企业、事业单位中，拥有的历史文化资源都在随之增多。在这种情况下，对历史文化资源的评估和管理也必须有明确的法律规定。不论单位大小，财产多少，所有制性质如何，其评估标准和方法必须统一，并建立一套规范的评估操作规程，使历史文化资源的评估公平合理，有章可循，有法可依。

健全的历史文化资源评估机构是保证历史文化资源评估工作顺利进展的基础。因此，相关人员应使各地在按照国家统一的规定设立标准、程序的基础上，结合各自的特点成立专门的历史文化资源评估机构，尽快地对历史文化资源评估工作进行实质性的研究、探索，并在工作中实行历史文化资源评估项目登记制度，对不同种类的历史文化资源的评估方法、评估依据、工作环节、控制程序、受托方、委托方、评估员、评估日期等进行分类、分项登记，并使之归档成册。防止历史文化资源漏评和重评现象的发生，得出的评估价值也较为接近，以满足同类历史文化资源类比计价的需要，逐步将历史文化资源评估纳入规范化轨道。

笔者认为，建立历史文化资源评估制度应做好以下几方面的工作：

第一，加强对历史文化资源价值及作用的学习和宣传，增强全社会重视、保护、合理使用历史文化资源的意识，特别是增强政府公务员和企业管理者的历史文化资源的价值与产权意识。

第二，加强历史文化资源评估中介机构和监督机制的建设。历史文化资源评估队伍素质高低决定着历史文化资源评估工作质量的高低，而队伍素质的高低又主要取决于队伍职业道德水准和业务技能水平。因此，这就要求有关部门在担负起职业道德教育的同时，还要切实地担负起业务技能的培训工作。培养历史文化资源评估人才，造就一批素质高、知识面宽、精通业务的专业人才队伍。会计、审计、咨询和上地价格评估等机构应成为真正独立经营的实体。组建历史文化资源评估机构，并接受政府委托对历史文化资源进行评估和司法保护实践中的历史文化资源评估咨询服务，建立和完善资产评估监督机制和约束机制，监督和约束资产评估中的不规范行为，制定对资产评估机构的审计、监督、处罚法规、保证资产评估朝着健康、规范的方向发展。

（二）南京历史文化资源的价值研究

南京历史文化资源的价值表现在历史文化价值、科技价值和艺术价值等方面。

1. 南京拥有六朝的历史文化资源

六朝指的是孙吴、东晋、宋、齐、梁、陈六个相继定都建康（孙吴时称建业，东晋、南朝时称建康）的王朝。六朝前后延续了300多年，是我国历史上承前启后、继汉开唐的时代。南京地区现存的六朝文化资源主要有南朝陵墓石刻、钟山六朝祭坛以及省市博物馆里陈列的六朝文物等等，其中以散布在田野里的南朝帝王陵墓石刻最为引人注目。南朝帝王陵墓神道石刻主要分布在南京、句容、丹阳3个地区。以下就以南朝陵墓石刻为例。

南朝陵墓石刻具有重要的历史、科技和艺术价值。

（1）历史价值

首先，它弥补了史料记载的不足。其次，南朝陵墓石刻铭文真实地再现了当时社会的书法艺术风貌，揭示了这一时期书法艺术的发展轨迹，为后人研究这一时期的书法艺术提供了重要的实物资料。

（2）科技研究价值

根据史料记载，南朝陵墓石刻的石料取自南京紫金山与栖霞山之间的白山，属于石灰岩。亲眼看见过南朝石刻的人，都会产生这样一个疑问在没有现代化设备的条件下，六朝人是如何将这些石刻搬运到一个个陵墓前面的呢要将平均长约 3 米、高约 3 米、宽约 1.5 米，重量达到 14 吨的神道石兽完好地搬到目的地绝非易事。这体现了六朝运输工具和运输水平上的进步。为我们进一步研究提供了依据。

（3）艺术鉴赏价值

南朝陵墓神道石刻一方面继承了汉代石刻艺术的传统，以力量、运动等体

现出一种宏伟庞大的气势之美；另一方面，改进了汉代古朴、幼稚、粗糙简单和笨拙的做法。在造型设计、雕刻技法等方面，达到了新境界，实现了继汉开唐的历史性转变，并对后来唐宋时代的石刻艺术产生了深远的影响。

2. 明朝对南京历史文化资源的影响

明朝是南京建都史上第一个统一的王朝。从朱元璋定都南京开始，先后有朱允坟、朱棣三位皇帝在南京定都。在明代，南京经济繁荣，文化昌盛，其地位仅次于北京。南京现存的明朝文化资源主要有明孝陵、明城墙、明故宫及明朝功臣墓、郑和墓、金陵宝船厂以及省市博物馆里陈列的明朝文物等等。这里笔者以明孝陵和明城墙为例。

（1）明孝陵所展现的历史、科技研究和艺术鉴赏价值

明孝陵是南京历史文化资源的一个品牌和亮点，它深刻的文化内涵、神秘的设计思想、具有创新精神的建筑规划布局、独具特色的神道石刻组

合和造型等等，凝聚了当时的政治思想、哲学理念、审美情趣和国家财力，具有独特的、普遍的历史价值，在中国帝陵发展史上具有里程碑意义，其价值举世公认，归纳起来，有如下 2 方面：

第一，明孝陵代表着明初皇家建筑的艺术成就。明孝陵从起点下马坊至地宫所在的宝顶，纵深达多 2600 米，沿线分布着 30 多处不同风格、用途各异的建筑物和石雕艺术品，整体布局宏大有序，单体建筑厚重雄伟，细部装饰工艺精湛，凝聚了当时政治家、艺术家、建筑师们的才智，构成了一项创造性的伟大杰作。

第二，明孝陵在中国帝陵发展史上具有里程碑的地位，它一直规范着此后明清两代多年多座帝陵的建设规制，在中国帝陵发展史上具有里程碑的地位。因此说，明孝陵在中国帝陵制度发展史上的地位是划时代的，它不仅属于南京，更属于中国，属于全人类。

（2）明城墙所展现的的历史、科技研究和艺术鉴赏价值

南京作为我国著名的历史文化名城，城墙是其重要的组成部分。南京明城墙不仅是南京城市文明的重要标志，也是南京城的重要象征物。明城墙主要由城砖和条石筑成，具有多方面的历史价值。它不仅验证了史料记载的明朝初年"高筑墙"的准确性，也反映了明朝的战争已经由冷兵器时代发展到热兵器时代。同时，城墙上的每一块城砖铭文都蕴含着丰富的历史文化信息。

南京明城墙的科技价值首先体现在它的设计思想上。由于南京当时作为明朝的国都，出于军事上的考虑，明朝统治者在修筑南京城墙时，从布局、设计、用材到施工等方面，充分地利用南京的自然山川、湖泊、河流的地理形势，从防御的需要，因形随势而建，它突破了中国古代城市方形规制的传统，总平面呈西北角伸出而南部稍突出的不规则状，而且 13 座城门各不相同，这在我国都城建设史上是不多见的。明城墙的艺术价值主要体现在城砖铭文的书法艺术成就上。

第四节　南京历史文化资源的探究和保护规划

历史文化既然作为一种经济资源，首先要对其进行挖掘利用。历史文化资源的特点决定了其一方面要挖掘，另一方面要对其进行保存和保护。

一、对南京历史文化资源的探究和保护规划

历史文化资源探究和保护进行全面、系统地规划是政府行政管理的基本职能。

（一）第一次编制的历史文化名城保护规划

编制背景：在国务院公布第一批历史文化名城的文件中，第一次提出了"历史文化名城"的概念，同时提出了要制定历史文化名城保护规划的要求。根据南京有悠久历史，但缺乏完整实物的问题，采取从环境风貌、城市格局、建筑风格和文物古迹四个层面来分析和认识南京的特色，力求从南京特有的山、水、城、林交融一体的特色出发，作为保护规划总的设想。这些认识在当时是具有领先地位的。

名城保护规划的主要内容。保护规划总的布局是划出市内五片，外围四片自然风景和文物古迹比较集中的重点保护区以及一批分散的重点建筑群的保护范围，同时以明朝城垣、历代城滚、丘岗山系和现代林荫大道为骨干，形成保护型的绿化网络，连接各个片区和建筑群，构成一个较为完整的保护体系。市区重要的建筑群是朝天宫、明故宫、鼓楼、瞻园、天王府、梅园新村、民国时期有代表性的公共建筑和花园住宅公馆区以及中华人民共和国成立后的渡江纪念碑、五台山体育馆和南京长江大桥。市区内的保护网络则包括城墙、河道水系和道路街巷格局，分别指明都城城墙、运渎、南唐东城壕，玉带河、明御河以及古街巷和三块儿板主干林荫道、环形交通广场等。

得失评价：第一次编制的保护规划，将有关名城诸多要素纳入保护体系，这在当时的国内还无先例可循，受到专家一致好评。虽无正式批准手

续，但在以后的多层次的深化保护规划中，仍作为依据加以执行，如对绿线、蓝线、红线、紫线的规划就是以名城保护规划的要求具体划定。市区内重点保护区都得到一定程度的保护，钟山风景区被评为第一批国家级风景区，雨花台纪念风景区编制了总体规划，按规划建设了纪念碑、馆、廊等核心区及出入口广场道路。最成功的范例当数秦淮风光带的建设，以秦淮河、夫子庙为主题，有着深厚的历史文化积淀，庙市合一赋予它多姿多彩的民俗风情，明清风格的建筑形式极具地方特色，亭台楼阁、牌坊、栏杆等等建筑更增加了诸多情趣。但是也有考虑不足，认识不到的地方，例如对南京已湮没的历史文化—"隐形文化"不够重视，南京老城内留下了丰富多彩的历史文化遗存，由于历史变迁、社会发展，很多辉煌的历史地段湮没了，如历代的宫城是只有都城才有的城市特色，如果不加以保护、探究就会消失。再有一点不足之处是对一大批传统民居包括古街巷格局重视不够。是传统文化发展的基调，近代优秀民国建筑、名人故居，在我国的近代建筑史中占有重要的地位，由于它们不属于文物，又分散在旧城内各处，因此未提出保护要求，在破坏原有城市风貌的同时也破坏了城市特有的地域文化。

（二）第二次修编的历史文化名城保护规划

在实行市场经济以来，城市发展有其不以某些人的意志为转移的规律，城市发展规模、发展方向都随经济发展而改变。在南京，以高新技术开发区为首，先后有个国家级经济技术开发区在市区以外建设，第三产业在老城区有长足发展。老城与新区，现代化社会经济发展与历史文化城市特色保护等多种矛盾，需要从理论上，思想认识上进行研究，提出适应发展需要的科学的发展观念，用以指导重新修编规划。这次修编的历史文化名城保护规划是在原有规划基础上做出补充和完善，主要内容包括名城风貌、古都格局、文物古迹、建筑风格的保护及历史文化的再现和创新五个方面。针对关于著名古都的内涵重视不够的问题，第二次规划中突出了对尚存的明代四重城郭的保护，编制了明城墙风光带的建设规划，以此构筑一个绿色的环本，串联城区内外的各大风景区。对各个风景名胜区中的文物也都作了一定程度的修复、开发如牛首祖堂风景区内，修复了宏觉寺塔、南唐二陵、郑和墓。

二、南京历史文化资源的分布情况

南京是国务院首批公布的全国历史文化名城之一，南京拥有丰富的历史文化资源。南京也是最早对历史文化资源进行挖掘和保护的城市之一。

（一）南京历史文化资源的分布情况

1. 地下文物保护区

规划提出的 13 片地下文物保护区，包括遗址 7 片，即汤山史前遗址区、薛城史前遗址区、石头城遗址区、六朝宫城及御道区、南唐宫城及御道区、明代宫城及御道区、内秦淮河两岸十朝遗存区；墓葬 6 片，即雨花台古墓葬群区、西善桥古墓葬群区、六朝陵墓区、晋东陵和晋西陵、幕府山古墓葬群区、明代功臣墓葬区。

2. 历史文化保护区

规划提出的历史文化保护区是明故宫遗址区、朝天宫历史街区、民国总统府（太平天国天王府）、梅园新村历史街区、夫子庙传统文化商业区、城南传统民居风貌区、南捕厅历史街区、中山东路近代建筑群、颐和路公馆区、高淳老街历史街区。

3. 明代的四重城郭

明代的四重城郭有明宫城、皇城、都城和外郭四重。

南京历史文化资源主要以六朝文化资源、明朝文化资源、民国文化资源为三个群集。六朝文化资源主要以散布在田野里的陵墓石刻称奇，明朝文化资源主要以明孝陵和环绕在南京城周围的城墙擅雄，民国文化资源则主要以集中在城内的各类建筑物而享有盛名。

4. 古树与名木

南京的绿化始于六朝，至民国时期奠定基础。今天的南京，是一座中外闻名的绿化之都，南京的法国梧桐大道、槐树街、樱花路、水杉道等百姿纷呈，令人赏心悦目。在南京众多的树木中，有许多珍贵的古树名木，如东南大学梅庵前的六朝松、江浦区惠济寺的银杏等，给古都南京平添了几分神韵和情趣。

5. 对道路街巷、水系桥梁的保护

内秦淮河、外秦淮河、金川河、青溪、珍珠河、南唐护城河、胭脂河以及北门桥、浮桥、大中桥、文德桥、武定桥、七桥瓮、赛虹桥、天生桥等应在保护之列。

三、南京历史文化资源探究和保护的政策策略

历史文化名城的保护是一项复杂的系统工程，不仅与政府有关，还涉及每一个市民；不仅表现在具体的看得见的需要修缮的保护，还包括大量的法制建设和文化建设；不仅有工程问题，还有经济问题、社会问题等等。因此，要保护好南京这座历史文化名城，需要全南京市的市民参与，提高全市市民的全面的认识和总体文化水平。作为一项公共事业，政府有关部门应从以下几个方面对历史文化资源的加强保护管理。

（一）建立健全完善的法制法规制度

加强法制保障。强调立法保护是依法治国的客观要求，也是世界各国历史文化名城保护的普遍做法保护南京历史文化名城有必要重视立法保护，提高立法质量。加强法制宣传、立法监督、新闻监督、社会监督、加大执法力度，依法处理名城保护中的各类违法的现象。

1. 贯彻落实文物保护法

传统风貌建筑所有人的权利，产权明晰后产权人对自己所拥有的住房才有保护的积极性。只有落实了产权，产权人尤其是原房主，出于对自己

的出生地或自己先人亲手经营建造的房屋的感情，才会尽心的加以保护。这种情况下，文保部门可与产权人签订保护协议，产权人承担保护的义务，明确修缮费用承担的办法。产权可以出让、继承，但保护的责任不能豁免。

2. 制定权力制约机制，避免权力滥用

现在有保护价值的传统建筑不断减少，传统风貌区不断地被蚕食，所以要保护好南京这座历史文化名城，需要形成自上而下，自下而上的保护网络和控制机制，要建立检举制度。建立各级赋有自治权力的保护机构。由社区开始，由社区居民代表组成的民间组织，吸纳社区居民中具有建筑师、规划师、律师、文化工作者等专业人员参加，他们以专业人员的眼光、以社区主人的身份，甚至以业主的身份，来保护自身的利益和评定社区内的保护工作，对整个城市的历史脉络保护是有利的。

（二）确保资金的提供

1. 开设保护基金项目

保护是需要花费一定的费用，有时甚至比新建更花钱，缺乏保护费用是传统风貌迅速消失的原因之一。政府应将名城保护工作所需的资金纳入财政预算，逐年拨出经费。

2. 加大资金保障的力度

加大历史文化名城保护经费投入的力度，经费短少，成为保护的重要瓶颈。应建立以政府投入为主，社会资本、民间资本共同参与的新格局。设立历史文化名城保护基金，制定优惠政策，鼓励社会力量为名城保护提供捐款和资助，提高资金利用的效率，并强化对保护资金使用的监督。

（三）制定全方位覆盖的保护规划

1. 要科学的开展保护，必须有完善的保护规划

在立足于保护的前提下，尽快地编制各层次保护规划。

2. 保护规划要突破只重视地面文物的局限

更要重视地下文物埋藏区的保护，划定地下文物保护范围，切实控制

好地下文物埋藏区地面上的建设。上面一旦建设了高楼大厦，地下文物就无法发掘，遗址将受到永久性的破坏。

3. 从根本上解决保护与发展的矛盾

最好的办法是跳出历史文化集中的老城区区域，即在"老城做减法""新城做加法"，老城区减少生产功能，减轻人口压力，增加保护力度。

第八章　风景区历史文化资源保护的重要性

第一节　风景区历史文化资源保护性利用路径分析

　　在对风景区历史文化资源保护与利用的研究中，需要从理论中找出具有可实施性的操作模式，用于在实践中形成具体的参照和指导，因此在对历史文化资源保护性利用的原则和策略研究的基础上进行的保护性利用路径分析是极其重要的，具有更直接的现实性和必要性。在新时期的历史文化资源保护工作中，已不仅仅是如何针对某时期某一种文化进行严格保护，更重要的是如何应对不断涌现的新文化的冲击，在拓展文化观念多元性、探索功能多样化的基础上实现文化的动态传承，避免文化的单一化和静态化。对于规划和建设人员来说，不同的思维方式和操作模式应出于对不同背景不同阶段的深切认知和了解，所制定的实践策略才具有针对性和目的性。因此，笔者针对历史文化资源保存、利用的不同阶段、不同目的进行详细的论述，分析其作用的对象，以及具体实施中的方法，以期为今后风景区中历史文化资源的保护和利用提供借鉴和参考。

一、推演性利用路径分析

推演性利用是在保存性利用的基础上的继续深入，基于对某一种文化信息的深入了解，在文化发展中加入了时间尺度的衡量和主观情感的塑造，或追溯或展望，要求对文化信息具有高度的认知水平，能够联系各阶段、各时期的历史信息，从而将其纳入利用之中，并有助于对文化脉络的衔接、延续。

1. 推演性利用的内容和价值

（1）推演性利用的内容

推演性利用是在保存性利用的基础上，通过理顺历史脉络，建立通畅的历史序列，找到历史文化单元间彼此的相互联系，建立起对话和关联。笔者认为推演性利用强调重点在"推演"基础上的利用，这样的推演不是随意的，而是遵循历史文化资源的原真性和整体性原则，通过历史脉络的梳理，与较高层次的旅游活动相结合，形成较为完备的旅游产业，是推演性利用的直接目的。

推演性利用中建立起来的旅游产业，不再是以简单模式的参观为主，而是对保存的历史文化单元或单元群组进行较深层次的探究，形成具有鲜明特色的旅游文化。

（2）推演性利用的价值

历史文化的推演作为保护性利用的"延续"阶段中重要的部分，对历史文化资源的保护和传承发挥着巨大的作用，实际上，它也是"保存"阶段向"延续"阶段发展的桥梁，对文化信息的纵向结构进行深入探究和理解，便于构成对景区文化精神的提炼。历史文化资源的推演性利用最大的意义就是通过推演，将风景区的历史文化资源的脉络完整地呈现，如果是保存性利用产生的是一个个断裂的点，那么推演性利用形成的就是一条贯穿这些孤立点的线，通过这条线，可以将这些保存的点建立起对话，使其历史结构更加完整，脉络更加顺畅。

在风景区建设中，推演性利用更具有现实的意义，通过历史文化的梳理，将会极大的促进旅游产业的升级和发展，由单一的参观模式转向较高级别的综合体验模式，游客的欣赏从视觉感受向全身心参与深入，利于景区形成极具规模和特色的旅游产业。如果说初始化的参观旅游产生的是原始动力，那么旅游产业发展的完善，将作为历史文化资源传承的持续推动力，激发历史文化不断成长。

2. 推演性利用的目标

文脉，广义的理解，是指介于各种元素之间对话的内在关系，更确切的是指在局部与整体之间的对话的内在的联系。在风景区中，历史文化的文脉指的是在历史的发展过程中，一定的环境条件下，维系着风景区各个历史文化单元之间的内在的本质的必然的联系，是历史信息的抽象表达。

推演性利用如同歌曲创作，物质性历史文化资源往往作为实体而存在，即作为已经确定的歌词而存在，而非物质文化遗产通过不同的曲调和旋律，会创造出婉转动听的歌曲。正因为如此，非物质历史文化资源是历史文脉中最具活力的表现，能够有效地串联起历史信息，因此，非物质历史文化资源在推演性利用的作为主要对象，成为历史脉络梳理的关键。而通过推演，历史脉络的顺畅将会促进旅游活动的深入发展和旅游产业的完善，高等的旅游产业又会反馈以促进历史文化资源的保护，形成"保护—旅游发展—保护"的良性循环。

3. 推演性利用方法的应用

"推演"依托保存的历史文化单元，通过历史文化的深入探究，以形成较为完整的历史文化脉络和结构，并在旅游产业的利用中实现其价值。因此，笔者提出在推演性利用中，将历史脉络的梳理作为首要任务，在保存基础上深入探究历史文化资源，与旅游的结合形成新的表现将会是本次研究的重点，历史文化资源将在推演性利用中以更加生动的形象出现，并与社会和时代进行进一步的接触，为历史文化的传承奠定坚实的基础。

（1）历史文化资源的整理

如果对于单一类型历史文化资源的风景区，历史脉络的梳理是比较容易的，依据时间的次序、事件的发展，就可以形成较为完整的序列，然而在实际的建设中，历史文化资源的类型和表现形式往往比较复杂，尤其是古代历史文化脉络和近现代的脉络往往交织在一起，容易产生相互干扰，甚至是对立。因此，在开展旅游的利用过程中，我们可以发挥主观能动性，通过两个途径对历史脉络进行梳理：一是历史文化源头的追溯，理顺其发展的过程；二是游览线路和游览活动的策划，将保存的点以某种内在的联系形成关联，并在保存的历史活动的基础上进行发展，以强化历史的信息和序列。

首先，需要对所保存的历史文化资源进行分析，从基本的历史信息片段开始，找到历史文化形成的源头，这是因为对于一个地区的历史文化而言，往往具有局限性和不完整性，如果只是将目光集中在历史文化资源的片段上，就会造成文化的割裂和破碎化，在对其利用中，也会频频出现低层次的演绎的问题，严重影响历史文化的真实性。尤其是对于以历史著名人物纪念地形成的故居文化资源类型，在本地区是以"故居"为核心而形成的纪念类型，然而故居信息通常只是作为其人生的一个片段，在推演性利用中，必须对其完整的人生有深入的了解，并追溯其文化的发展。因此，笔者认为只有对历史文化的源头深入探究，并与本地文化的比较下，适当的增加"新"的历史信息，以充实和完善其历史脉络，在旅游中，也增添了相应的内涵，更易被游客所接受和唤起其共鸣。

其次，通过游线组织和活动策划，将历史脉络和历史信息传达给游客，按照内在的联系，将其有机的串联和分类。在推演性利用中，游线的组织必须遵循文化脉络的发展，可按照历史信息记载的起承转合，与旅游活动结合起来，游览线路组织的成功与否将直接影响游客对历史文化的感应与对话。而活动的策划与城市中的主题公园有着显著的区别，历史文化资源的脆弱性和历史信息的承载，决定了它不可能有像主题公园那样的体验活动，当今在风景区建设中，就存着认为缺乏热闹的参与性活动的误解，其实在风景区的历史文化资源的利用中，缺少的应是引导性的历史体验活动，而主动式体验活动很可能对其历史氛围造成破坏。历史活动的引入，将激发游客了解、认识和传播历史文化的行为，获得的不仅仅是旅游活动的成功，同时也实现了历史文化资源的传承。

（2）历史文化资源的探究

从历史文化资源的可生长性和可塑性两个特征，可以得出历史文化资源具有不可限量的潜力，经过推演和探究，将会促进人们更加深入的认识和了解，并被今天的人们所接受和传承，特别是对于非物质历史文化资源，历经千年的形成和发展，散发着一股人们渴望的氛围和气息，寄予着人们追忆往昔和获得归属感和精神上的慰藉。对于历史文化资源的探究，有两种途径，一是历史信息的重建，让"旧"的信息重新展示出来；二是信息的抽象化和类型化，形成具有较大旅游价值的资源。

每一个历史信息都是构成历史脉络的基因，不论何种原因的缺失都会造成一定信息量的丢失，也不易于完善历史的脉络。在城市历史风貌区保护中，经常会将历史事件或传统生活场景进行再现，并通过一系列的物化形式，使其生动形象的展示在人们面前。而在风景区景点设置中，也会借助文学或诗歌的记载，以物化形式将诗词中描绘的景象物化。在推演性利用中，这样的"推演"必须坚持原真性的原则，不可以肆意"创造"历史文化资源，笔者认为"推演"应有理有据，即有明确的历史记载，与本地区历史人物、历史事件具有直接的联系，例如一些景点，在今天虽已不复存在，但具有真实详细的记载，经过论证后，可以进行重建，并严格遵循历史文化资源保护性利用的原则。欧洲国家在对遗址保护的实际操作采用归位复原原则，主要有两种做法，一是原真性复原，适用于探究出来的构件比较齐备；二是示意性复原，适用于缺损较多的历史遗迹。只有在历史文脉中注入新的生命，赋予历史信息以新的内涵，历史的文脉才得以延续。

二、衍生性利用路径分析

在市场经济主导下的今天，促进文化发展的外在动力多多少少都与经济效益的促动有关，因此未来通过历史文化资源的产业化发展，将会极大地促进文化发展，展现历史文化的价值，推动历史文化资源保护工作，使历史文化成为全人类的财富。

1. 衍生性利用的内容和价值

（1）衍生性利用的内容

衍生性利用是将历史文化资源抽象成历史文化要素，并融入新时代的文化要素，形成衍生的历史文化单元，建立起新的主题和秩序，不仅仅是范畴的扩大和内涵的延展，赋予历史文化以新的内涵，"衍生"产生的是抽象的"历史文化符号"，在表现上，在旅游产业的基础上，将这种"符号"所代表的历史文化资源转化为文化资本，通过产业化的运作，达到文化产业化的目标。

衍生性利用的基础是趋于完善的旅游产业的发展，是在历史文化资源保存性和推演性利用之上进行的更高层次的保护性利用方式，衍生性利用充分吸收了新时代的文化元素，为实现历史文化资源的更大范围的传播和发展，面对经济全球化和产业化所作出的应对措施，是以市场为主导的，以国家和政府严格监督的，结合了多个文化产业而形成的文化产业化的发展模式。

（2）衍生性利用的价值

衍生性利用作为"延续"阶段的最高层次的利用方式，是面对新时期下各种文化激烈的碰撞下，为实现历史文化真正与现代社会、生活相衔接，走出单一的发展模式，为广大人民所熟知。在市场主导下的历史文化资源的产业化，有助于赋予文化崭新的生命力，加快历史文化资源价值的提升。

在风景区建设中，衍生性利用要做好协调工作，即衍生的历史文化不应影响历史文化资源的本体的保存，产业化的不是文化资源本身，而是衍生出来的历史文化价值。如今，发展文化产业，面临着最好的时机，国家大力支持，国内外市场巨大，在最新通过的《中华人民共和国非物质文化遗产法》中，更是从法律层面上明确提出了历史文化的产业化发展。

2. 衍生性利用的目标

衍生性利用的对象，多以非物质的形式出现，是抽象化的、经提炼的文化精神，而形成的浓缩了的、具有代表性质的"历史符号"，作为历史文化资源的精髓，以其为核心，包含了历史文化资源的所有价值，在今天更加融入了产业价值和品牌价值的属性。

衍生利用途径，就是通过衍生的方法，推动历史文化资源的新时期的发展和应用，借助文化产业的发展，会吸引更多的资金支持、专业人才、管理方法，在创造经济价值的同时，反哺历史文化的保护工作，并形成"保护—文化产业—保护"的良性循环。

3. 衍生性利用方法的应用

"衍生"的目的就是促进历史文化资源吸收现代文化元素，融入当今社会，而不是固化的存在，不仅仅是保护历史，更是在"积淀"历史，赋予历史文化资源新的生命和活力。因此，在衍生性利用中，笔者通过历史文化元素的衍生，形成新的文化主题和符号，使历史文化资的价值源源不断的展示出来，衍生发展的最高层次就是历史文化资源的产业化，应对知识产权的流失，通过文化产业的发展，促进历史文化资源得到全人类的保护和继承。

（1）历史文化资源的演变与发展

历史文化资源的外在表现毕竟是历史的，与当今社会有着天然的隔阂，但是通过其历史脉络的衔接，原有历史信息会与现代的文化相融合，原有历史文化、当地文化就像母体，通过不断吸收新的文化、外来文化，并可以产生新的文化元素，这样的演变发展，将会更贴近生活，也更易被人们所接受。

但演变也必须坚持一定的原则，首先必须尊重原有文化脉络，不能凭借主观臆断随意演变，这样还是走破坏的老路；其次演变的内涵不能无限化扩展，不能对原有历史文化产生悖逆；再次演变出来的文化应该是既能够代表历史文化，又能够适应现代社会发展，能够推动历史信息的保存。历史文化资源的演变，是在保存和推演基础上的继续发展，形成的演变历史文化单元，就是抽象化的非物质文化资源，作为历史符号，与保存历史文化单元、推演历史文化单元相结合，共同组成新时期的历史文化资源的表现形式。

（2）历史文化资源的产业化发展

通过演变产生的"历史符号"，并进行产业化发展，是演变性利用的最终目的，因此文化产业化是演变性利用的最终方式，并以此为后续动力，不断推进历史文化资源的保护工作。

本节通过保存性利用、推演性利用和演变性利用三种途径着手，深入剖析了风景名胜区中历史文化资源的保护性利用方法。历史文化处于一个开放的动态系统中，在不断地变化，在保护和利用中需要注意并回应这种变化。笔者带着这些思考，并以此为基础，对保护性利用的三种途径进行了分析和研究，主要从三种利用途径含义和意义、作用对象以及具体方法的操作实施，进行了全面的分析和论述。在风景区建设中，通常面临的问题就是保护与利用的矛盾，笔者认为解决这个矛盾，重在引导，而不是一味地回避利用，关键是如何把握历史文化保护与利用的度。这种度的把握，就可以从三种利用途径着手。在风景区的建设中，一种途径往往并不够解决问题，需要根据三种利用途径针对的不同对象和阶段，多管齐下。虽然三者表现不同，但都坚持以历史文化资源的保护为基础，且三种利用途径层层递进，前者分别作为后者继续发展的基础，形成历史文化资源保护和利用的新局面。

三、保存性利用路径分析

对项目进行实际调查、现状分析时应根据景区历史文化资源的价值、等级和实际利用情况确定对景区历史文化资源探究、利用的时序和重点，保存性利用是历史文化资源保护利用的初级阶段，是对当地历史文化资源进行深度调查、理解的必要途径。

（一）保存性利用的内容和价值

1. 保存性利用的内容

保存性利用是将历史文化作为一种资源类型而存在，保存其物化形态特征和基本历史文信息，在其形式和本质上不发生改变的基础上进行的利用途经和方法。笔者认为保存性利用强调的重点在于"存"，并在"存"的基础上根据实际情况适度引入最小干预强度的人为活动。这样的"保存"并不等于死保护和前面所提到的隔离式的保存，而是通过历史文化实体的保存和修复、基础设施的建设和提升、历史活动等信息的初步整合，营造整体文化氛围，有助于游客对景区文化环境的初步理解，为进一步参与、体验奠定基础。

在风景区建设中，提出以物质实体的保存与建立在其基础之上的浅层次利用模式相结合，即游客的游览参观为模式的基本途径，通过游客对景区实体文化氛围的感受，建立对景区历史文化环境的初步认知，激发游客对历史文化做深层次探索的兴趣。参观是游客游览行为的的最直接表现，是对景区历史文化资源进行利用的基本途径。历史文化资源的保存与旅游参观相结合，这是因为在保存性利用中，"游""观"是将游客这一人的元素纳入景区文化环境的最直接的方式，最能激发游客对景区文化特色的兴趣，且对保存的历史文化资源的影响最小，能够促进历史文化资源的继续发展和传承。

2. 保存性利用的价值

历史文化资源保存的意义即通过保存性利用的途径，对所存在的历史文化资源进行了全面的梳理，依据其特征，找出历史文化的脉络和结构，最直接的目的就是形成历史文化资源的核心要素—历史文化单元，这些历史文化单元蕴含着最为丰富的历史信息，彼此间有着紧密的联系，它们作为历史文化资源中最具潜力和魅力的成分而存在，并作为其发展和传承的基础。

在风景名胜区历史文化资源保护的初期，或面对较为复杂的历史文化资源，首先要通过保存性利用对其进行分析，形成核心的历史文化单元，其本身完善的保存就是巨大的成功。而游览参观的旅游行为的可持续发展，将会极大推动对历史文化资源的深入探究，促进历史文化的传播。

（二）保存性利用的目标

当今对于历史文化的划分，往往从物质和非物质两个两个类型进行考虑，在实际操作中，对于物质形态的历史文化资源，如文物、建筑、遗址等比较关注，而且保存的目的和方法也比较明确，但是对于非物质形态的历史文化资源，作为历史文化资源的灵魂，面临的形势更加艰巨，保存的难度较大，也不易于操作。

笔者认为保存性利用应突破物质与非物质两极的划分标准，即将主要的研究对象定位于携带着重要历史文化信息的各种形式，不仅包括建筑、遗址、文物等实体以及传承至今的习俗、历史活动等可见可感的行为活动，并将与实体和活动相关的周边环境纳入其中。依托这些作用对象进行的保存性利用就能够更加全面，真正地将历史文化信息进行保存。

（三）保存性利用方法的应用

在历史建筑和城市历史风貌区保护研究的基础上，笔者提出保存性利用的方法应从分级控制和分区控制两个层次着手，前者解决的是历史文化单元的保存性利用，而后者针对的是某一类历史文化单元群体的保存性利用，将历史文化单元进行分类，有助于形成统一的文化主题。在实际中，往往通过两者的结合，解决风景区的保护与利用的矛盾问题。

1. 分区控制

在风景区实际建设中，并不是所有的历史文化资源均适合发展，在保存性利用途径中应分类对待。对有些需严格封闭保护和市场需求面比较狭窄的历史文化资源，不适合进行大众式的旅游开发，只允许科研和专业人员进入，以更好地保存其完整性和真实性；对于大量主题类似的历史文化资源，可选择有代表性的进行重点开发，形成具有历史序列的区域，避免历史文化杂糅，各个区域形成相应的主题，可以避免低水平、低层次的重复，突出主题，同时有利于探究历史文化的内涵和展示，走内涵式发展道路。

风景区中的历史文化资源相对混乱，含有不同历史时期的信息，甚至存在相互干扰的信息，因此，进行分区控制是一种较为有效的做法，不仅可以实现保存的目的，还可以形成不同的历史展示，梳理历史脉络，使其脉络更加清晰，将历史文化资源进行分区保护和利用，如形成不同的主题区域，不仅有益于历史文化资源的纯化保存，更有助于历史文化的深层次探究。

在游览参观的旅游行为中，需要控制游客容量和游客密度，尤其是对于易受损害历史文化资源—特级和一级历史文化资源，要约束游客中的不良行为。综上可以看出保存性利用是以保存为基础的利用途径，但并不是排斥一切的作为，对于有助于历史文化资源保护和整体氛围烘托得必要作为，是应该提倡的，但需要慎重的考虑和科学论证，以免留下遗憾。

2. 分级控制

在城市风貌区保护中常常采用对建筑的级别分类的方法，分为保留建筑（历史保护单位）、保留历史建筑（不是文物，但具有一定的历史价值）、应当拆除的建筑及其他建筑四类。在这里笔者对历史文化资源进行了分级控制，根据所蕴含的历史信息的价值，可分为特级、一级、二级、其他四类，根据不同等级在保护和利用中给予相应的考虑。在分级控制的内容中，包含了作为历史文化的实体存在的建筑、文物、遗址等、周边的历史环境及所包含的历史活动等非物质文化，具体如下：

特级：历史文化实体蕴含着珍贵的历史文化信息，为国家珍贵文物，具有极大的科学和美学价值；周围环境记载着丰富的历史信息，对历史氛围的营造具有重要作用；非物质历史文化与实体具有紧密的联系，具有极大的保存价值。

一级：历史文化实体蕴含着较为珍贵的历史文化信息，为省级或地方级珍贵文物，具有较大的科学和美学价值；周围环境记载着较为丰富的历史信息，对历史氛围的营造具有重要的作用。

二级：历史文化实体蕴含着一般的历史文化信息，具有一定的科学和美学价值。

其他：一般建筑实体，与其他级别保持风貌的完整性。

（1）对非物质文化的重视与保护

不同于物质实体的历史文化，非物质历史文化是最具活力和潜力的存在，不论是国内还是国外，不论在城市背景还是风景区背景下，非物质文化已经越来越受到重视，特别是体现地方特色的民俗风情和历史活动的历史文化资源，更是极具发展力。在城市历史风貌区的保护实践中，经常有单纯保存建筑实体，而将原住民迁走，吸引外地人进入经营相关旅游服务，结果导致历史风貌原真性的消失，给笔者以深深的思考，因此，在风景区中保存性利用的途径中，必须坚持对非物质文化的保存。

因此，将非物质文化纳入控制内容中，在保存性利用中依托实体而存在，同时将其作为实体的灵魂，使历史信息更加完善和生动，保存只是基础，它是推动历史文化资源发展和传承的主要推动力。当然，非物质历史文化资源并不仅仅限于保存性利用途径，在接下来的推演性利用和演变性利用途径中，都将发挥更为巨大的作用。

（2）物质文化遗产的保存

对于建筑等实体形式的历史文化资源，特别是历史建筑的相关研究和实践已经形成了较为完整的体系，例如在历史建筑保护措施方面，英国的费尔顿博士总结了七种方法，分别是防止衰变、维持现状、加固、修复、使用、复制和重建。在历史文化资源的保存性利用中，对于建筑、遗址等实体类型，有两种方法，第一种方法就是协调，即"修旧如旧"。第二种方法是修旧如新，通过新型建筑材料等变化，既满足结构的需要，同时能使人清晰的辨别出修复部分，以强化历史的原真性。

另外，由于经历的历史时期比较悠久，基础工程设施比较薄弱，甚至严重影响了保存的目的，因此，在保存性利用中，需要针对具体的工程设施进行改造，如给水、排水、电力通信等。

（3）对历史环境的保护

中国古代纪念性建筑对所处地域的历史信息的真实性保护超过了对建筑本身的历史信息真实性的重视，古人对人、对地、对事件等信息的保护，超过了对建筑本身的信息保护。特别是对于遗址类历史文化资源，即使遗址上的建筑物和文物已经残破不堪，一般也不允许乱动，不能进一步破坏其残存的遗迹，即使几乎没有什么文物、建筑价值的实物都没有了，也要保护好废墟，因为这些废墟的环境依然含有历史时代、文化背景、生态地理环境等无形文化信息，在相当大的程度上可以反映或折射出历史的背景、如果保存不当，甚至环境被其他建筑所覆盖，这些历史信息就会永久性的丧失。

在保存性利用中，历史环境的保存意义重大，自然环境要素虽不属于历史资源范畴，却同样记载着真实的历史信息，因此，形成的历史文化至今，环境要素是最好的历史背景，是必须被保存的。对于保存较好的历史环境，要继续保持下去，对于已经遭到破坏，但是仍存在的历史环境，应在原有的基础上进行修复，营造真实的历史氛围，这也是解决风景区城市化、人工化手法造景问题的途径。

第二节　风景区历史文化资源保护性利用的策略性研究

历史文化资源作为风景名胜区中具有特殊意义的资源类型，国内外对其保护和利用上也做很多理论上的指导，并形成了一系列的法律和法规。然而在实际建设中，还是会遇到各种各样的问题。因此，本节通过剖析现阶段保护和利用的矛盾，综合考虑了国内外保护思想的发展历程和趋势，同时借鉴了城市中历史文化保护的相关研究，提出了风景区历史文化资源保护性利用的策略性研究，笔者从指导思想着手，在实际操作中，遵循可持续发展原则、原真性原则和完整性原则，以及需要对保护性利用进行阶段性的分析，理顺不同时期发展的重点，为保护性利用提供一条完整的思路和模式。

一、保护性利用的进程分析

在城市历史文化的保护中，针对不同地域经济发展的差异，有专家学者对历史城镇的保护提出了两个不同的阶段性特征，即以"留存"为目标的第一阶段，强调对物质性建成环境的保护和整修技术的探讨；以"复兴"为方向的第二阶段，注重对历史空间的适应性再利用和城镇生活性的回归。两个阶段中工作的重点也具有明显的针对性，第一阶段为历史城镇整理出可利用的良好物质基础，那如何利用这些保护的历史环境，使物质环境中的文化底蕴进一步显示出它在现代社会生活中的生命力，则是在第二个阶段的功能开发利用的保护中解决的问题。

对于风景名胜区中的历史文化资源的保护性利用，也存在着两个核心内容，即"保护"和"利用"。总结我国风景区的发展建设的历程，根据这两个核心内容，同样可以整理出两个发展阶段，即以"存"为主的阶段和以"续"为主的阶段，笔者将对这两个阶段展开分析，提出了三种保护性利用的方法，为接下来具体的保护性利用途径的研究打下基础。

（一）保存性的主要阶段

在风景区建设和发展初期，对于历史文化资源的保存往往缺乏有效的监督和管理，所以取得效果也不甚理想。因此，必须坚持以历史文化资源的保存为第一要务，并且不应仅仅是历史文化资源本身，同时还应注重其产生和存在的自然历史环境及其所附带的各种历史文化信息的保存保护。

历史文化遗产的保护与利用是相辅相成的，相互促进的，保护的目的就是发挥其价值，并不是为保护而保护，"保"和"用"应统一在历史文化资源中。同样的，在此阶段，历史文化资源的保存并不是排斥利用，而是有目的、有计划地进行利用。

在此阶段容易产生两种错误的倾向，一种就是前面所论述的纯市场经济的开发观点，忽略保护的重要性；另一种就是绝对保护而不开发，将历史文化资源圈起来，与社会隔绝，脱离人们的生活，难免落入衰败和腐朽的境地，导致历史文化信息逐渐消失。因此，在前人的研究基础上，借鉴城市中历史文化保护区的方法以及在风景区特定的背景下，将历史文化资源的保存性利用须与旅游结合，借助游客的主动参与赋予其新时代新的内涵，激发活力，对其进行活化利用。历史文化资源的利用有多种形式，旅游也只是其中一种，但是，旅游作为人们认识、利用历史文化资源的直接和有效的途径，成为广大地区，特别是在风景名胜区中，是实现历史文化价值、促进地区发展的普遍做法。

首先，历史文化资源通过旅游的方法走进公众之中，引起社会对历史文化的关注和保护意识的提高，发挥了社会效益；同时，通过旅游服务，为当地政府和居民创造可观的经济效益，这样也带动了当地居民对历史文化的广泛认同和保护热情，促进历史文化资源的可持续利用。

其次，旅游作为一项文化性很强的活动，越富有地方特色和异质文化特色的历史文化资源对游客的吸引力越大，旅游者需求的满足往往会促进当地历史文化资源的进一步保护。同时，通过历史文化的旅游体验，激发了旅游者对风景名胜区的研究兴趣，吸引更多的专家学者以高度的热情投入到风景区历史文化资源的研究中，促进其科学价值和艺术价值的展现。

另外，旅游活动的逐渐发展，可以形成完善的旅游产业，进而拉动相关产业的发展，为历史文化资源的保护性利用的诸多方法选择提供了可能性，是历史文化资源的继续发展和传承的推动力。而旅游的兴起使得本地区、本民族的文化与外来各种文化产生激烈的碰撞，会带来一系列新的问题，这也是笔者将在"续"阶段中分析和解决。

（二）以延续为目的的阶段

以"续"为主的阶段是依托"存"而发展和演化的，也是历史文化资源保护性利用的必然趋势，将历史文化资源原封不动的保存并不是保护的最终目的，只有将承载古老历史信息的文化与当今文化相联系，才是当代人的责任—实现真正意义上的传承。在此阶段中，笔者提出了两种保护性利用的方法，即推演性利用和演变性利用，针对保存性利用所奠定的基础，为历史文化资源的保护和利用提供继续的研究和探讨。

二者的辩证关系存在于保护性利用的两个阶段，并始终为解决这一对矛盾而展开。在以"延续"为主的这一阶段，主要面对两个问题，一是继续完善历史脉络，同时融入人的主观能动性，将历史文化信息进行梳理和整合，更加注重非物质历史文化资源的利用，通过传统习俗和历史文化活动的恢复和展开，使传统的民间艺术受到重视和发扬，使保存性利用中频临湮灭的历史文物得到修复和维护，并考虑重构和重现已经消失的历史文化信息的可能性；二是面对新时期的挑战，应对上文提出的文化碰撞和历史文化发展前景的问题，我们必须认识到历史文化不能脱离社会，不能脱离生活，更无法超脱于这个时代，同时，新时代也给予了我们新的机遇，特别是产业化的潮流，将为我们提供新的思考和借鉴。

诸多学者已经开始考虑将历史文化作为一种文化资本来运作，这种方法可称为"文化资本化"，也就是将历史文化转化成资本，可以有多种形式和途径，例如，在风景区中，与旅游结合，转变成观赏性强、具有地域或民族特色的景观活动。而依托旅游产业，更可以形成健全的服务产业、文化产业等一系列的产业模式。而其中文化产业化的发展，无疑对于历史文化的传承将起到极大推动力。

基于对这种现象，笔者认为历史文化是可以借助文化产业化实现传承，并且是大有可为的，对于产生的矛盾，重在指引和疏导。发展文化产业，是开创绿色可持续发展文化经济的战略，也有利于为保护文化遗产提供资金。在历史文化资源的保护性利用中发展文化产业，在大力发展文化产业中进行积极保护，两者是相辅相成的。历史文化资源在利用中发展，在发展中得到进一步保护，强化历史文化资源的循环演化，不断赋予其与时俱进的时代特征。

本论点主要从保护利用的策略着手分析和研究，为具体的操作和实施提供理论支撑。首先树立了在风景区历史文化资源的保护性利用中应坚持的指导思想，随后论述了保护性利用的三项重要原则，在此基础上，结合城市历史文化保护和风景区建设的实际案例，对保护性利用的阶段性进行了具体的分析，第一阶段往往是原生状态或初步整合阶段的地域文化展示，第二阶段逐渐形成较为成熟的利用模式，形成了历史文化和时代潮流文化两者的结合，基本上摒弃了粗制滥造的内容，融合外来旅游者的文化兴趣，使本地文化的低层次演绎向内涵发掘拓展升华，真正展示了土色土乡的本地特色。目前我国大多数风景区的历史文化资源的利用多处于第二个阶段的层面。我们进行风景区规划时，对待历史文化资源的利用可以在总体把握的基础上，针对不同的发展阶段给予不同的关注重点，循序渐进，避免急功近利，根据具体问题采用具体的解决手段。这样就基本形成了历史文化资源保护性利用的"一个目的，两个阶段，三种方法"的模式，三种方法的具体含义和实施，将在第二节中进行详尽的分析和论述。

二、保护性利用的原则

（一）可持续发展原则

历史文化资源的保护性利用必须以可持续发展理论为指导，走可持续发展的道路，这是解决保护和利用矛盾的最有效的方法和途径。可持续发展包含三个概念：一是满足需要，包括基本的需要和高层次的需要、当代人的需要和后代子孙的需要；二是对需要进行限制，既要考虑环境及资源的承受能力、又不能损害子孙后代满足其需求的能力；三是公平公正，既要符合近期的利益的目的，又不能剥夺获取长远利益的机会。

可持续发展的理论被提出后就显示出了强大的生命力，其思想和内容至今仍在不断的发展和完善，并被广泛应用在经济、环境及社会文化等各个领域，尤其对于风景名胜区的建设具有更加现实性的指导，并得到广泛的认同。对于现实中历史文化资源的过度利用所产生的诸多问题，运用可持续发展原则进行解决，保障历史文化稳定健康的发展是必然的选择。同时，可持续发展的原则同历史文化具有共同的发展轨迹，历史文化资源在可持续发展中，不但解决了当前保护与利用的问题，也是为将来历史文化的传承打下基础，历史文化资源不同于自然资源，历史文化资源就有可生长性，它是可以存在并发展的。

因此，笔者认为，可持续原则的核心就是在风景名胜区历史文化资源的利用中，珍视历史文化信息的保存，保护、延续其产生和发展的历史脉络，满足当代需求的同时注重保护传承的责任和义务，注重历史文化的代际相传和永续发展，实现历史文化资源的健康产业化发展。

（二）真实性原则

对于历史文化资源而言，真实性原则是由其蕴含着的真实的历史信息所决定的，在国内研究中，已经得到了承认，并作为历史文化资源最重要的表现而存在，例如在申请世界遗产过程中，真实性（原真性）就作为能否入选的核心指标之一。

尊重历史文化资源的独特性和真实性，也就是在对其进行保护利用的过程要建立在真实的历史文化信息基础上，不能牵强附会、武断猜想；在利用过程中要还原、凸显历史信息的原貌，对历史文化的真实信息所蕴含的历史价值给予应有的尊重，便于让后人认识、理解历史文化的真实内涵，掌握其不同于别处的独特性；进而拓展其科学研究价值、旅游欣赏价值，产生经济效益和社会效益。在风景名胜区的建设中，为了维护历史文化资源的真实性，不能随意改变原有形态和表现，不能肆意加工改造破坏，必须坚决抵制掠夺性的开发，尤其是对于民风、民俗、原生建筑及历史遗迹等历史文化景观资源的恶性变迁后，恢复其原有景观的面目几乎是不可能的。这种不可逆性和非再造性表明，对这些景观资源必须采取保护；否则资源一旦遭到破坏，损失将无法弥补，要保护这些元素的历史自然面貌，不得随意改观。

保护性利用方法和途径也必须基于历史文化资源的真实性来展开，在保存性利用和推演性利用中关于历史信息的整治和重塑，也会在真实性原则的指导下，既展现所包含的历史信息，同时坚持、保护原有历史文化的可识别性。

（三）整体性原则

整体性原则是历史文化资源保护性利用的另外一个重要原则，指出历史文化是同周围环境共同存在的，我们在保护历史文化本身的同时，还应保护其周围的自然环境，特别是对于对历史文化的风貌，因为环境同本体一样，构成了历史文化的发展脉络，具有历史文化的记忆和信息，要保护其整体的环境，才能将存在的历史信息进行传递。

对于文化遗产的保护，从单纯的历史建筑和文物，到包容了周边环境的历史街区，再到发展到历史文化圈层（风貌区）的历史文化名城（镇），不仅仅是范围和规模的增加，更是内涵的扩展，也是整体性原则的逐步深入。例如，依据历史建筑不同的历史阶段、科学和艺术价值，现状中不同的完好程度，不同的空间类型和风貌特征，对历史建筑、传统街区等采取分类保护的方法，但在整体上仍以历史文化发展的脉络和结构为主线，既保持了历史文化的整体性，又可以延续历史风貌的多样性。

整体性原则作为完善历史脉络的出发点，通过三种保护性利用的途径，尤其是对于非物质历史文化资源的保护性利用，不仅仅注重保护物质实体，更要将历史环境氛围融为一体，使历史信息得到重现，实现整体风貌的协调统一。

三、保护性利用的指导思想

在风景区实际建设中，以科学发展观为指导思想，更加重视"保护"，将其作为一切利用和建设的前提和基础，通过国家和地方政府的有效管理，对历史文化资源进行开发利用，实现历史文化资源的科学发展。《中华人民共和国非物质文化遗产法》的正式通过，弥补了我国在非物质文化遗产保护上法律的欠缺，将更加有效的指导我们对非物质文化遗产的保护性利用，本节在探讨的历史文化资源的产业化与国家鼓励和支持在有效保护非物质文化遗产代表性项目的基础上，充分发挥非物质文化遗产资源的特殊优势、合理利用非物质文化遗产代表性项目开发具有地方、民族特色和市场潜力的文化产品和文化服务，发展文化产业"的发展目标相一致，对本次研究提供法律上的支持和佐证。对待历史文化资源，我们需要树立正确的态度，必须从历史文化生成与发展的脉络，即记载着历史信息的链条中去认识和发掘其历史的、科学的、文化的、艺术和经济上的价值；并在历史的真实性与文明的见证性前提下，明确保护性利用和传承的意义和方向。

第九章 以临清市为视角的历史文化资源

第一节 传递历史文化资源，加强市民文化底蕴

临清市的历史蕴含着丰富的文化底蕴，传承文化底蕴，深化自信观念需要政府和人民群众的共同努力，筹措资金扶持重要文化项目，借助活动加大推广宣传，将临清历史文化资源重新进行挖掘、整理、推广，使其以现代方式进入更多人的视野。

（一）多举措传递文化资源，重点展示文化风采

通过结合现代、活态传承的方式，借助节庆，对内推广，利用活动，对外营销，使临清历史文化的风采展现出来，让更多人知道、了解、认同。

1. 古今融合，在发展的状态下传承

传承是自然地、活态地传承，而不是刻意地、死板地继承。就像是得意的珠宝首饰，并不需天天佩戴，只需时而欣赏，别有一番爱意在其间。活化文化的意义就是让文化融入生活，生活中浸透着文化，二者相互融合。

文化艺术是源于生活但又高于生活，把非物质文化遗产生活化，不仅可以保持原汁原味的传统文化风格，还可以随着时代的发展加上现代化生活的元素大胆创新，这就是活态传承。比如一些获得非物质文化遗产称号的剧目，在形式上保留传统文化的特性，内容上可以创新，用现代技术再现传统文化的底蕴和风华，使传统的历史文化在具有现代气息的舞台上演出，大大提升艺术效果和群众欢迎程度。

临清的贡砖烧制技术是国家级非物质文化遗产，但是由于环保问题面临停产，其技术的传承就需要借助烧砖产业的合理转型，将技术生产力转化为资本。充分结合工业、旅游业的优势，设计观赏工业旅游生产的通道，让人们可以边看边学，边欣赏边了解，走工业旅游的发展之路，活动要注意增加参与体验度的提升。一方面可以科普传承临清贡砖的制作工艺和流程，另一方面可以保护和传承文化遗产。将临清贡砖昔日的辉煌历史作用再现为具有纪念意义的微缩产品，利用古代制作贡砖的技术制作满足现代需求的工艺品，还可以结合"砖雕"技术做成高档的工艺品，甚至可以以体验生活、课堂展示、科普教育等方式开展形形色色的夏令营及主题活动。

2. 利用节庆大力推广文化资源

保存地方传统，大力开展节庆活动，利用节庆，对内推广，让临清历史文化资源在临清市民心里扎根。但要注意需降低节庆开销花费的成本，开拓可持续的绿色发展道路。在举办以历史文化为依托的节庆活动时，要努力改变"政府主导、企业参与"这种思路，而是要把握"政府主导、企业营销、社区参与"的正确方向，将节庆真正的还给市民。

用好文化遗产日。在文化遗产日期间，政府要起主导作用，引导非遗的宣传推广，展演非遗项目，为民间艺人提供推广平台，积极鼓励规模较小的民间传统的手工技术的创新和发展。在文化遗产日，可介绍文化源远流长的发展历史，可展演非遗中的工艺技术、民俗艺术，让人们近距离地体验非遗的独特魅力、传承人的非凡创造力；组织运河文化知识讲座、古城胡同一日游等文化遗产日系列活动，让人民真正参与、体验、融入，才能激起人民对历史资源的坚定信心、对文化资源的保护之心。

3. 通过活动积极对外推广

营销是指积极利用自身优势进行推广、宣传、销售，临清的历史文化资源需要借助一些营销手段走进更多人民的视角。重视新闻媒体的宣传作用，利用举办节庆活动之机，邀请新闻界的记者到临清考察采风，让他们亲身体验临清的历史文化，通过新闻媒介将临清的历史文化资源宣传出去，与媒体共同策划各类传播题材，尽可能提升传播品位，加大传播力度，在社会上引起一定反响。

创造贴近人民生活、人民喜爱的文化活动，吸引临清周边地区的注意力。文化来源于生活，生活也促进文化的传播。举办"临清运河文化节""饮食、休闲文化节"等一系列活动，邀请政界、文化界、新闻界、餐饮界等各界人士参加，增加整体吸引力。还可以通过影视活动进行宣传促销工作，争取早日拍摄与其有关的影视精品，宣传临清的历史文化艺术。

（二）以政府为主导多方出力，保证重要项目的资金落实

地方政府和当地人民在保护和开发历史文化资源方面发挥着重要作用。地方政府需要统领开发地方特色历史文化资源全局，合理开发才能促进经济的蓬勃发展，还要注意保持区域文化旅游的健康有序发展，让居民真正享受当地文化资源带来的合理利益。当地群众更是保护和传承的主力军，很多措施都需要当地群众身体力行，真正地去落到实处。当然，所有的保护和传承都离不开一定的资金扶持，重要的项目更是需要大量的资金花费，这就需要临清开发历史文化资源，打造特色文化产业，进行融资。

1. 政府主导、管理、服务

政府是对当地历史文化资源的分布、保护的现状、传承的情况最了解的人，站在全局的高度上制定战略，引导本地区资源的开发和保护，与企业单纯追求效益相比，往往更具有前瞻性、长远性、大局性。政府要有一

定的规划能力，制定的战略要兼顾各方，以保护和传承为先，辅以一定的开发促进保护和传承。同时，政府还要加强对历史文化资源的管理和服务，不仅要对其进行严格管理、把控，而且要为其开发和传承提供服务，使资源得到合理的配置，传播得到更远的影响，效益得到最合理的共享。

另外，历史文化资源的保护和开发往往投入大、周期长、资本回收慢，需要政府的有力扶持。政府应给其提供助力，积极出台金融、财政、税收等方面的优惠，提供博物馆、音乐厅、美术馆、剧院等公共服务设施，同时还要多方吸引社会各界的资金，为历史文化资源的保护和开发提供资金保障。当然，资源转换成产业，除了国家扶持以外，还要大力拓宽投资渠道，形成完善的投融资体制，实现投资主体多元化，政府要鼓励多种经营方式。资金到位，政府要加大对传承人的扶持，比如给予传承人一定的资金补贴，帮助传承人购买一些演出道具、服装，投建传承项目学习学校以培养新的接班人等等。

2. 群众出力、践行、监督

文化是精神层面的财富，非物质文化资源是精神文明的基础、源泉。文化来源于群众，文化的传承也必须依赖群众，只有全民支持，历史文化资源才能得到更好地传承与保护。群众是保护资源的重要力量，让文化传承深入人民群众，临清的文化成为每个临清人的文化，成为每个临清人生活休闲、茶余饭后的消遣资料，成为每个临清人的精神支柱，凝聚力量，文化才能更好地传承。传承历史文化，需要调动社会各界人士的积极参与，可以是资金支持，可以是技术保障，还可以作为传承人参与，甚至作为服务的志愿者参与进来。首先，要特别注重与特定历史文化资源有关的人员参与，这些直接或间接接触的人，他们或者是亲眼见过、亲耳听过、亲手做过、亲自采访过，或者直接就是非物质文化遗产的传承人，他们提供的资料一般较为准确、真实，能够作为后世研究的参考资料。其次，历史文化的传承，需要鼓励群众参与，群众对保护和传承文化有了热情和动力，就能够在政府制定政策措施后真正实行，既可以增加传承文化的群众基础，又可以推动临清的文化建设。

群众是历史文化资源开发利用过程中的监督者。历史文化资源具有的生产价值性决定了在其传承和开发过程中可能会出现利益冲突问题。群众要监督政府对资源的开发和保护是否合理、决策是否符合环境效益和社会效益的统一，还要监督企业在开发过程中是否是良性有没有破坏性开发行为。很多时候，政府和企业并不能完全按照路线和方向走，人民群众是最重要、最便利的监督者。

第二节　保护历史文化资源，牢固文化基础

一、通过科学创新技术，加快文化资源保护

随着我们赖以生存的原生环境的改变，文化遗产的保护需要寻求更现代、更科技的手段加以强化。现代科技的发展，给文化资源的数字化保护带来了春天，文化资源的数字化建设已然成为国际趋势，就像曾经四大发明给世界带来的巨大改变一样，资源数字化给人类文化的发展创造了新的空间。

科学的数字化技术是一种相对先进和创新的保护工具，可以为历史文化资源的保护提供强有力的技术支持。可以使用文本、照片、音频、视频、多媒体和其他载体记录历史文化资源，形成的数字化信息真实可靠、全面系统，而且可保存数量巨大、时间长久，基本上所有的历史文化资源都可以通过各种形式转化为数字化信息进行保存，建立一个历史文化资源数据库，进行专业分类、系统整合，便于存储、检索和管理，也便于展示、宣传、教育，更便于传播、使用、共享。

现代数字化技术还可以虚拟重现和展示传播，通过计算机图形学、数字图像处理技术、数字恢复和再现技术，把历史文化资源信息转化为视觉

虚拟产品，比如临清十六景、大运河原貌，实际重建可能耗资较大，利用翔实的历史信息开发虚拟旅游，可以为观看者提供历史文化知识的学习、交流和创新。

现代数字化技术还可以实现信息的创新，利用现代高科技技术和文化创意产业的思维，在坚持原生态的基础上，强化文化资源的艺术特色，不断推陈出新，通过数字技术促进文化产业的逐步发展，形成产业链条，加速开发动漫、电子游戏等富含临清文化气息的创意产品，使临清故事、临清工艺、临清技艺、临清艺术在创意产品中开花结果，创建具有临清特色的文化产业群。

当然，技术保护只是手段，技术只能为人所用，真正重视的应该是文化本身。完善的大数据库让更多人了解非遗的传承现状和临清文化的真实情况，灵活的数字化演示方式让更多人见识非物质文化遗产。这样的要求对数字技术的考验很高，在数字化过程中需要把握方向性和文化立场，尽量让历史文化资源保持原生态，具有原生意义，让其保留属于自己的生存和发展环境。利用数字化技术手段，保持文物的鲜活性，保护文化的多样性，保住文化生态的平衡性，文化创新要充分体现资源的价值性。

二、保护濒危资源，实行个性化抢救保护

如何更好地保护历史文化资源是个现实问题，对这些濒危的历史文化资源，必须实行抢救性保护。

一是确定特质突出且具有重要历史意义，濒临灭亡且急需抢救的历史文化资源，列出具体的清单目录，制订整体保护规划；二是组织专业工作人员及时对其进行调查、记录和分析，并收集相关实物资料以立档保存；三是根据不同的濒危项目，制订不同的保护措施。如对国家级和省级非遗项目没有传承人的情况，要作为孤品去收集有关实物资料并加以永久性收藏，有条件的应加快认定传承人。对一些濒危项目的代表性传承人，加大

经济上的补助和人员上的调配，若后期艰难，可采取一定奖励措施加大鼓励甚至指定代表性传承人，必须有针对性地及时地抢救相关文化生态环境要素。

保护历史文化资源，不只是单一的就保护而保护，让其在现代社会发挥作用，拥有继续流传的价值，才是真正的保护。既不是束之高阁、放置一旁，也不是一成不变地维护，更不是珍珠蒙尘擦干净即可。只有用起来、活起来，历史文化才能继续迸发生机。对于部分"蒙尘"的非物质文化遗产，还可设立专门的兴趣班、学校、培训中心等机构，用来普及和推广非物质文化遗产，一定不能让其继续衰败下去，只有用才能动。

三、加强前瞻性，进行整体化保护

文物保护应保持整体性，要把文物的开发和保护纳入整个资源开发的规划之中，把经济与文化有机结合，以提高文化开发的经济效益；反之，通过资源开发的经济效益，加强对文物的保护。临清大部分文物集中于中州古街区，城区的古街巷虽然有些房子已经被红砖绿瓦所代替，但仍然保留着原来的格局，这也是保持文物完整性的一种方式。

为了维持文物景观周围的完整性，与其他历史文化资源形成一定的整体性，和谐地融为一体，必须在文物一定范围内禁止进行建设，以免破坏景观，要拆除不合理的恢复成分，还历史建筑的真面目。同时，对已经损坏的文物，应尽快进行修缮，"修旧如旧"，保护文物原有的文化价值，还原历史真实性。在修缮和复建的过程中要按照历史文献的记载，为文物建筑留足空间，充分发挥文物本身的科学考察价值、历史文化价值，综合利用建筑古风古貌的欣赏、游览价值。

为了加强非遗的整体性保护，我国提出用文化生态保护区进行区域保护，这是我国的一大创举。与之前的非遗保护工作相比，建设文化生态保护区更注重区域内整体生态环境的修复和防护。整个文化生态保护区是非遗得以传承发展的重要载体，这是非遗赖以生存的重要环境，是相辅相成的，生态环境的好坏直接影响着非遗项目的传承。全面实现临清非遗的整体性保护，要把运河文化生态保护实验区建设作为抓手，深入挖掘临清原非遗资源，保障非遗保护的真实性；在避免文化同一化、维护文化多样性的前提下，防止保护试验区文化遗产的流失、歪曲、贬损或滥用，确保文化遗产的完整性。

第三节 凸显临清独特的文化产业，增强文化自信

开发历史文化资源，把其所蕴含的文化价值转换为经济资本，创立特色文化产业，在满足人民的精神食粮的同时，进一步增强了文化自信底气。

一、凸显特色，打造文化品牌战略，增强文化自信

临清以其明清时期的繁华出名，优质资源是旅游开发的前提，历史文化是特色产业的支柱，必须从文化入手，做好文化的文章，更重要的是彰显文化旅游的特色，当地特色产业是品牌战略的主打产品，为文化旅游竞争占领高地。临清历史有运河、商业等文化资源，都可以通过开发形成一系列的文化产业链，做大做强，实现品牌效应，凸显特色。包装历史文化资源，着重打造临清文化旅游的战略品牌，努力实现"人无我有""人有我奇"的特色，临清才能脱颖而出。

（1）打造"名人"品牌战略

临清是一个人杰地灵的城市，在临清历史上，运河不仅带给了临清经济的繁盛，还孕育了临清的一批文化名人。而名人是有巨大的吸引力、影响力的，名人效应有利于一个城市的形象发展，临清可以借助名人文化资源优势，深入挖掘临清的文化精神，建设人文品牌，有利于历史文化资源的传播。临清的名人众多，文有明代"明七子"之一的谢榛、明代书法家方元焕、学界泰斗季羡林等，武有著名将领左良玉等，艺术还有唐代音乐

家吕才、清末古筝家金灼南，著名画家张彦青等。

名人的出名度是可以逐渐加大的，名人文化资源的开发必须拓展名人文化的传播渠道，创新传媒方式。通过传统的媒介如图书、杂志、广播、报纸等方式固然可以加大名人文化的宣传，但是在如今网络如此发达的新时代，不借助网站、微博、抖音等新的传播软件未免太落伍，而且这种方式传播速度快，效果好，花费低，很适合现代文化产业的营销，影响力大、见效快。但要注意，在实施过程中，要注意把握度，为博出名、博眼球，错误地宣传名人文化反而得不偿失。还可以在火车站、汽车站等人流量巨大的地方，张贴名人海报和宣传标语，并在车票等小物品上印刷名人作品，让经过的人都能感受到名人文化的魅力。

名人文化资源的开发，不仅是在传播方面需要加强，还需要利用名人文化基础设施来做文章。从名人文化的基础设施可以看出当地名人资源的开发现状，加强名人文化建设，有利于加大名人文化的传播和遗址的保护。例如，完善已修建完毕的张自忠纪念馆、季羡林资料馆和张彦青艺术馆，同时引入社会资本修建其他名人专业性展馆，展馆不单是展现名人用过的东西、创作的成品、成长历程文字性记载，而且要运用科技手段，重演名人走过的路、经历的事，让参观者将自己代入名人生活的情境，以旁观者视角"亲自"感受名人当时的心境，更能感染人、打动人、教育人。

（2）打造"名吃"品牌战略

由于临清是一个出名的运河城市，其饮食文化融合了南北风味，形成了一些自己的特色。除了一般的菜品之外，最值得夸的是这里的名吃和临清汤。饮食文化是一种地方风味，是地区文化的典型代表，在全国有垄断性，所以临清的饮食文化是临清的垄断性旅游资源，很值得开发。依托临清特色小吃、风味食品，打出古代运河小吃的牌子，举办全国性的运河名城美食文化节，改善临清小吃一条街的环境，充分展示运河丰富的文化内涵，创建临清的饮食品牌。运河名城临清的小吃种类多、历史久、价格适宜，

适合开发。开发临清的

饮食文化资源，就要充分发掘运河城市的饮食文化底蕴，尽快组织人员将各种民间小吃进行普查登记汇总，不仅是搜集、挖掘、整理临清现有的小吃，还要根据文献记载等挖掘历史上的小吃，建立相关的资料库，通过评选，选出最有地方代表性的、有竞争力的小吃，扶持个别名店或者历史悠久的老字号，作为临清饮食的主打品种，其他小吃配套建立体系，形成"临清小吃"的整体品牌。

制定品牌战略，大力宣传临清小吃，形成小吃集群产业。利用中州历史街区的开发，在其中设置较为集中的餐饮区，布局要合理，餐馆要有特色，前期的促销宣传可以扩大知名度，后期稳定的口味是确保小吃店稳定客流的关键，这样才能保证小吃店稳定的客流量。举办特色饮食与烹饪大赛，邀请著名美食家做裁判，并请专家品尝临清的特色饮食，向前来参赛的选手赠送特色食品，向游客推荐临清名吃。开通美食直播间，利用直播的方式，将美食的制作工艺、蕴含的故事、代表的文化向观众进行展示，增加年轻受众人群。另外，小吃结合历史故事更能吸引人，让人参与体验制作也能吸引人，所以临清小吃必须有特色才能打响品牌。

（3）打造"名河"品牌战略

运河文化是临清文化发展的重中之重，是将其他重要资源进行串联的纽带，蕴藏深厚的文化价值和研究价值，所以建设大运河的文化品牌，突出文化的运河特点是核心。首先，要将运河两岸的历史文化资源保护放在第一位，将产品开发与文物保护综合考虑，坚决制止任何盲目开发和破坏文物的行为。其次，开展运河文化观光旅游，建设完备的水上游览系统。深入挖掘历史传说的趣味性，增强故事的真实性，把相关故事宣扬出去，才能让游客慕名而来。在文化旅游中，提升游客对古城古风古貌的深度体验。通过开发运河品牌，把运河的史料研究价值、生态保护价值统一，实现开发的最大效益。

重视临清运河文化品牌的宣传和推介，丰富传播手段，拓宽宣传渠道，扩大品牌效应。充分利用先进的现代数字通信技术和手段，改变运河文化品牌的传统传播方式，重点发挥互联网和各类媒体的传播功能，做大做好"运河古城，生态临清"的宣传活动，进一步提升临清运河文化品牌的吸引力、影响力。此外，钞关是可深入挖掘的运河资源。以运河钞关为依托，积极建设运河文化陈列馆，使之进行爱国主义教育的场所，也可称为考证古代运河风情文化的研究所，还可举办"中国税文化研讨会"等学术会议，提升运河钞关和临清在运河城市间的声望。

逐步加强临清运河文化品牌的培育、提升、引导和管理，着重打造一批能够彰显临清运河文化特质的图书、影视、戏剧等优秀品牌。深度挖掘并汲取临清运河文化开放包容、忠诚爱国等人文精神，对文化资源进行创造性转化和创新性发展，真正把内在的资源优势转变为竞争力。大力整治运河文化广场周边环境，切实改变临清运河文化品牌效应不明显、品牌辨识度低、附加值低等问题，着重吸取其中的优秀元素，强化品牌意识。在开发的过程中，避免重复开发和过度开发，逐渐形成以运河文化产品为核心的品牌竞争力，塑造出独居临清特色的运河文化品牌形象。

二、创新并优化发展临清文化资源

临清的历史文化资源有效利用率低，有些仅限于公益性的展示和暂时性的保护，导致资源的闲置和浪费，而有些商业化资本化的过度开发导致历史文化资源失去了本身重要的历史文化价值，有些文化产品开发低端、竞争力弱导致历史文化的内核未有凸显。创立文化产业，不是单单对历史文化资源的开发，而是要把分散的历史文化资源进行整合、优化，更是要进行创意开发、创新推动。

运河文化在 20 世纪 80 年代就受到了旅游界的重视。现在主要有山东、北京和江苏三个省市在发展运河旅游。发展较好的运河旅游城市有北京通州区、山东的济宁、临清等地和江苏的常州、扬州等。临清可以打破地域界限，与其他城市进行运河文化资源的空间整合。通过区域性的竞争与合作，使临清的运河文化资源和其他城市的运河文化资源整合成为一个统一的文化单元，形成一个大区域的文化产业亮点。例如，临清和其他城市联合，共同推出大运河世界文化旅游整体体验，使这些城市成为一串珍珠项链连接起整条运河，实现相关运河城市的经济共赢、文化共赢。

此外，多种历史文化资源之间相互整合优化。不同的文化资源拥有各不相同的存在形态、传播方式和价值实现方式，影响力、渗透力也各有差异，将这些不同的文化资源进行整合有可能擦出不一样的火花甚至是耀眼的烟花。比如在某些文化古迹参观处设置非遗表演，相互提高吸引力和影响力。

运河文化资源进行优化整合形成产业集群是临清运河文化资源得到有效挖掘并产生经济和文化效益的重要措施，然而"同质化"的竞争问题还是需要创新来解决。历史文化资源的保护和传承不能因循守旧，要与时俱进，既要保持并发扬其原有的艺术形式，还要在传统中加入新时代特色，为传统艺术注入新鲜血液。历史文化资源必须创新发展，在保持原生态文化根脉的同时，创新内容和形式，于传统文化中融入现代元素，使文化产业的开发更多元化。

第四节 加强本地文化资源学习，增强学习意识

一、加强学习当地文化资源的新课程

本地文化讲义或者课本是发展地方文化的重要载体，也是本地文化再教育的具体表现形式。本地文化教材的编写，需要这个领域的专家和拥有丰富编写经验的人员共同完成，教材要包含本地文化的基础知识模块和专业知识模块，再从两个模块进行详细分类，不仅要体现知识性，还要有艺术性。学校作为本地文化再教育的实践阵地，可灵活安排上课内容，按照

不同分类采取不同的上课形式，课堂内外结合，共同推动本地文化再教育的开展。

本地文化课程可以在中小学的学校里进行推行，让学生作为选修课程进行学习，增强本地文化课程的趣味性，它可以帮助学生在经过较长时间学习后转换思维，这在一定程度上有利于专业学习。当然，本地文化教育并不是让学生拘泥于课堂这一种固定形式，要让学生走出学校和课堂去亲自感受本地历史文化，观看传统民俗节目，欣赏本地手工艺制作过程，参观名胜古迹等，增强学生对于本地历史和文化的亲近感和接受度。

二、加强本地文化再教育

本地文化再教育也是一种教育方式，主要是将社会上的人员进行本地文化再教育，增进其对本地的文化意识和本地认同感，培养其对本地的热爱，激发建设本地文化的想法。历史文化的传承和开发，必须发挥当本再教育的作用。

文化再教育应侧重于学校和教师，因为他们有独立的文化和教育发展的方向、规划、实施方法，是地方文化再教育的建设者和实施者，对教育愿景、实践素养和地方文化再教育有着深刻的理解，他们应该成为本地文化教育开发的推动力量。在全面调查、整理本市文化资源的基础上，地方文化再教育可以从中选择一种特色文化进行详细的教学和推广，从而加大本地人民对历史文化资源保护和传承的重视。

政府加大对当地文化再教育的报道和宣传力度，以多种形式呼吁全市对当地文化再教育的重视、参与，提高人们的责任感和使命感，为广泛实施地方文化再教育创造良好的外部环境。临清拥有众多名胜古迹和丰富的非物质文化遗产，可以组织市民参观名胜景观，体验非遗文化，了解埋藏其中的故事，感受当地文化的熟悉感和厚重感。

第十章　对江汉关大楼的历史文化挖掘

　　历史建筑是一个时代的印记，承载着无数的时代文化信息，更是一个城市发展的见证，构筑着这个城市的血肉命脉，塑造着城市的文化、精神，具有十分重要的思想文化等价值。

　　江汉关大楼是武汉市优秀的历史建筑，具有极高的艺术价值和文化价值，在武汉市建筑史上具有里程碑似的意义，在武汉市民的也中更具有独特的文化地位。通过对江汉关大楼文化内涵的挖掘及展示研讨，有利于我们进一步了解江汉关及江汉关大楼，对其做好保护和传承工作。此外，对武汉市历史建筑的文化挖掘及保护工作也有一定的借鉴意义。

　　本章还提出历史建筑文化内涵不断发展的观念，历史建筑通过承担新的使命，会积累更多文化思想：营造更好的内外部环境，提高艺术价值；同时通过对其不断地挖掘和阐述，使得历史建筑的文化内涵不断深入和发展。

　　此外本章还研究了江汉关大楼文化内涵的展示问题，介绍了现代新的科技展示技术等，为打造江汉关独特的时空感受，展示、传播其文化内涵提出了一些建议。

第一节　江汉关大楼文化资源的探究与现状展示

一、对江汉关大楼介绍

江汉关大楼，位于中国湖北省武汉市汉口江汉路和沿江大道交汇处，东南临长江，是武汉市标志性建筑之一，汉口租界的核也建筑。

江汉关大楼的设计与制图系由汉口英商景明洋行承担，由该行的英籍工程师具体负责。大楼仿照希腊古典式和欧洲文艺复兴时期的拱口、科林斯柱廊，结合英国建筑的钟楼特征式样设计。大楼占地 1499 平方米，建筑面积约为 4009 平方米，总高度 46.3 米，为武汉当时的最高建筑，钟楼顶端海拔高达米。

江汉关大楼采用三段式构图，中部顶端设有英国式典雅的钟楼。花岗岩外墙，坚固壮观，东、西、北三个立面墙均有花岗石柱廊，采用科林斯柱式。整个建筑物线条劲直，棱角清晰，底层主体建筑为正方形四层结构，正口为麻石圆柱八根，柱粗可二人合围。门前台阶高筑，自下而上多这 23 级。江汉关大楼顶层钟楼高 20 米，其内部结构从上到下贯穿整个匹层楼。楼顶安置了一个风向仪，仪上由四个英文字母组成，是指示风向用的，其上又有一个鎏金英式帆船。大楼的顶层是由 7 个不同音阶的铜钟组成的音响室；第三层为大钟时针室，针长 1.5 公尺；第二层为大钟的机件室；底层大厅是大钟摆碗室，钟面直径为 4 公尺，无气晴朗时，十里外亦可清楚望见。钟楼是按照英国伦敦威斯特敏寺的钟楼仿制而成，大钟内部的机件也均由美国订造，由美专船运抵汉口，然后聘请当时汉口亨达利钟表店的王衡量师傅负责组装。每到一小时准时报点，声音极其宏量。当夜深人静之时，十里以外亦可听到钟声。

江汉关大楼从外观到建筑质量，都是当时国际建筑界的先进水平，工程施工、技术人员都付出了巨大的也血。江汉关不仅仅是一座历史性建筑物，更是中西文化碰撞交流的精华。它是汉口繁荣发展的见证人和纪念碑。2016年，在江汉关大楼的基础上建起了江汉关博物馆，并正式对外开放。

二、江汉关大楼的周围环境

江汉关大楼位于汉口的核也区域，面朝长江，背依没水。这里保存着大量的历史遗迹，地理位置极为优越。江汉关大楼附近存在有不少历史建筑，大都是清末、民国时期修建，比较有名的如己公房子等，这里的历史建筑数量多、样式精美，在世界范围内都非常少见。另外，这里还是汉口市的市中也，商业非常发达，人流量很大。

第二节　对江汉关文化含义的探究

一、江汉关大楼文化含义的传递

（一）江汉关大楼能够成为中西建筑融合的范例

江汉关大楼虽然是西式建筑，但它处生中国，又处于中国建筑的包围之中。我们知道，建筑环境包括内部环境与外部环境，外部环境对建筑文化阐述也十分重要。江汉关周边存在有不少中国式建筑，将来如有可能，还可以在江汉关周边营造更好的环境，使江汉关大楼融入中国特色的外部环境中，使整个建筑获得新的艺术价值。中国建筑思想与西方建筑思想有许多互补的地方。西式建筑强调理性、强调自由，但中国建筑可能崇尚自然，对自由感的把握更加好一些。中西建筑风格的结合会进一步推动整个建筑的发展进步。

（二）江汉关大楼能够成为教育的传递者

博物馆本身就具备着教育、传播的功能，江汉关博物馆开馆以后就将承担这一职能。向游客传递武汉市和江汉关的近代发展史。此外江汉关大楼本身就是一件杰出的艺术作品，它将不断向人们传递艺术的美感，在潜移默化中影响人们的审美。

（三）江汉关大楼能够成为沟通中西文化资源的桥梁

江汉关大楼是西式建筑，所代表的是西方的建筑思想，其实质又是西方理性、自由、包容等精神。江汉关大楼是建筑设计学习的典范，它的思想内涵将影响到我们今后的建筑设计思想，促进中西建筑思想的交流发展。

二、江汉关大楼的建筑美学思想

江汉关大楼的设计过程比较曲折，大楼平面图由建筑工程师阿诺德负责设计，但因其病故而未能完成立面图。海关总署遂在上海进行招标，择优选用了上海著名英商斯蒂华达生·斯贝司建筑公司健筑师辛浦生负责设计。最终辛浦生先生完成了这一杰作。

（一）江汉关大楼的建筑风格

江汉关大楼建筑主体是希腊古典形式和欧洲文艺复兴时代样式相结合的风格。文艺复兴式建筑风格是 15—19 世纪流行于欧洲的建筑风格. 起源于意大利佛罗伦萨。在理论上以文艺复兴思潮为基础：在造型上以哥特建筑风格为主，提倡复兴古罗马时期的建筑形式，特别是古典柱式比例，半圆形拱券的建筑形体等。而希腊古典建筑风格单纯、典雅、和谐，其所崇尚的人体美使希腊建筑无论从比例还是外形上都产生了一种生气盎然的崇高美。江汉关大楼的型制、材料、造型、布局等完美的融合了这两种艺术风格，另外还吸收了一些其他艺术流派的建筑特色，各种特色融为一体，浑然天成。

（二）江汉关大楼所传递的精神文明

江汉关大楼的建筑风格如上所述，但仅仅弄清楚这些是很不够的。这些只是江汉关大楼的表面特色。

第一，它是理性精神的发扬。江汉关大楼是西方理性精神的发扬。理性精神是文明的精华，也是文明的基础。在江汉关大楼的身上时刻透露着理性主义的冷静色彩。它气势恢宏，巍峨壮观，能够不靠外界的支撑独立存在，本身就是理性的力量。它的型制、柱式、构图规则等处理手法的组合运用，用比例关系来控制立面的几何构成，这一切都弥漫着理性的精神。

第二，它是艺术生命的呈现。江汉关大楼无疑是一件杰出的艺术品。江汉关大楼生机勃勃，充满了艺术感。大气的布局，坚实的外墙，规整的构图使其整体显得沉稳，如用湖南花岗石对缝叠硕，虚实相映的柱廊，大口两侧双柱柱廊，开口较大，刚强感极强，使它带有理性色彩的沉稳和精致。而它华美精致的装饰，明快多变的花纹更是增添它的灵动，如窗子上方饰三角小山花加石制围栏，变形的古典科林斯柱式等等，使它灵动而富有生气，它挺拔、舒展、优雅，正似一个健美的体魄。它是庄严肃穆与丰富想象、简洁明确与蓬勃生气的和谐统一。

第三，它是人文关怀的体现。随着文艺复兴、宗教改革，欧洲人十分重视人个性的张扬，权利的保障，注重人的感受，展示人的价值。这几乎反映在一切文学艺术作品中，在建筑上也是这样。江汉关大楼就带有浓厚的人文关怀色彩。它体现了建筑师的创造性、热情和理想，江汉关大楼的设计汪洋恣肆、才气纵横，完全不拘泥于哪一家哪一派的建筑风格，而是随着建筑师的想象与灵感，包容了多种艺术流派的精华。这也体现了建筑师宽容的精神，对各类建筑风格都不带偏见，而整体上更是浑然天成。它表达了对人的赞美和欣赏。江汉关大楼整体就像威风凛凛的英雄，飞扬跋扈的略立矗立在江汉之上。这样的人文关怀，在江汉关高大、俊美之上更增添了一丝脉脉温情，使之更加魅力非凡。

第四，它是对现实超越的渴望。西式建筑体现人的超越精神。江汉关大楼正是如此，在设计之初就采用十分坚固的湖南花岗石作为基本材料，体现的正是这种希望。江汉关总高度 46.3 米，是武汉当时最高的高楼，在武汉市建筑中鹤立鸡群，钟楼有 20 米高，晴朗天气时，十里以外都可看见。钟楼上还设有风向仪，中间镶有一座鎏金英国帆船，象征着对远方和未知的渴望，时刻准备迎风起航。

三、江汉关大楼在武汉建筑史上占有举足轻重的的地位

（一）武汉传统建筑物的特征

武汉市传统建筑的类型很多，主要有佛塔、寺观、坛庙、民居和园林建筑等等。武汉传统建筑有一定的地域特色，但在建筑的组群布局、结构、建筑材料、装饰艺术及建筑思想等方面和其他汉族地区基本一样，有着许多共同的特点。总结起来，武汉地区传统建筑主要有以下特点。

首先是径渭分明，等级明显。大型建筑多修建得富丽堂皇，但小型民居却有些破矮。武汉很多大型建筑修建的气势恢宏、色彩鲜亮。例如皇家寺院依山而建，规模庞大，建筑众多，修建得金碧辉煌，十分的威严。但周边的民宅却是灰色的砖瓦、矮小的房檐，完全是另外一幅景象。

第二是建筑的布局宽广。邓晓芒先生说中国建筑像一串重复不断的音符，武汉的大型建筑也正是如此。例如楚王宫，都是由几十上百个房屋姐成院落，形成一个庞大的建筑群体，规模壮阔。但建筑的高度都并不是很高。建筑的造型也不是很复杂，就像一串重复的音符。

第三是建筑材料上多使用砖木材料。这些材料十分容易腐朽或遭受虫蚁的破坏，但中国人很少使用石材来建筑，这当然不是中国人不会用石材作为建筑材料，而是体现了某种观念。

（二）武汉传统建筑的建筑思想

武汉传统建筑思想是我国传统文化思想在建筑里的具体体现，与西方建筑思想反差极大，总结起来，主要有以下几点：

伦常等级森严。我国"封建社会"等级森严，礼制繁琐，这在建筑上就显示的很明显。

实用主义盛行。中国社会一直为实用主义思想占据，没有西方人的那种超越精神，这在建筑上的反应也是如此。中国的建筑多用木材建造，首

先是木材容易取材，这十分的方便。

　　荆楚文化特色明显。武汉市的建筑风格兼容并蓄，吸取了大量外来的建筑特色。除了以上与中国传统建筑相同的特色与内涵外，还拥有一些荆楚的地域特点。

　　武汉位于中国中部，处于枢纽性纵横交通线上，水陆交通发达，南北东西来往人口很多，且历史上湖北数次有大量来自北方的移民，明清时，又有"江西填湖广，湖广填四川"的东西方向移民。在建筑文化上具有多元的价值取向，较强的兼容性和开放性。这种开放兼容特色突出地表现在对外来文化的吸收和融会上。如在武汉传统建筑中马头墙、飞檐等大量徽派建筑风格的使用。此外，因其兼容并蓄，在建筑上也很有创新精神，如从民国时期起武汉就出现了大量中西合璧的建筑。

　　武汉市建筑浪漫主义色彩浓厚，武汉的是楚的故地，楚国丝綢、漆器、青铜器、乐舞等无不体现出浓郁的浪漫主义的意蕴。屈原作品就是湖北文化浪漫主义特色得代表。楚国建筑也是一样，表现得纵横恣肆，个性张扬，表现出一种自由、张扬的艺术魅力，赏也悦目。

　　（三）江汉关大楼所在的时期以及产生的影响

　　弄清楚江汉关在武汉建筑史上的地位，对全面的认识江汉关，挖掘和发扬江汉关文化内涵十分必要。

　　我们简单的清理下武汉建筑的发展历程，就可W很清晰的看到武汉建筑发展可以分为四个阶段：1861年汉口开埠前为一阶段，汉口开埠后到1949年为第二阶段，1949年至1970年代为第三阶段，19世纪80年代至今是第四阶段。

　　通过对这几个阶段武汉市建筑风格艺术的比较，我们可以发现：武汉市的建筑的布局、装饰特征、建筑材料等各方面都有了很大的变化。近现代的建筑相比传统建筑，布局显得更加合理，材料更加耐用，装饰更加多元。具体的如房间更宽敞，窗子更明亮，更加关也人的居住健康和卫生保洁等等。而通过对这些外在的表面变化对比分析，我们可以看清它的实质，那就是建筑思想在不断的发生转变进步。

建筑思想更加关注人居住的舒适，个性的伸展，关也赋予建筑特别意义等等。从武汉市建筑风格的变化我们可以看到武汉市市民思想的不断解放和人的不断发展。而江汉关作为武汉市标志性建筑，在其中自然也起到了巨大的作用。

江汉关大楼 1922 年奠基，1924 年正式建成，再加上之前规划设计的时间，前后历时十多年。而这一时期正处在武汉市建筑史上的第二阶段，而送一阶段是武汉市建筑发展的突破期，汉口从一片白砖青瓦的江南民居到西式高楼林立，而江汉关大楼在这一阶段具有里程碑的意义。

江汉关修建后，长期作为武汉市地标性建筑，在武汉市民屯、目中留下了深刻的印记。在它的带动下，武汉涌现出了一大批西式建筑，各种银行、洋行大楼、西式民居等如雨后春笋般兴起。江汉关大楼无疑起到了很好的示范带头作用，也是武汉市许多大楼借鉴和模仿的样板。而直到今天，江汉关大楼依然发挥着其独特的魅力。

（四）江汉关大楼在武汉建筑思想史上的位置

江没关大楼像一名西装革履、衣冠楚楚的骑士，硬生生的挤进了旧武汉乡土社会，其造成的影响和冲击十分巨大。江汉关大楼的建筑思想为武汉建筑思想突破发展奠定了基础。

之前武汉虽然也出现了不少西式建筑，但没有哪一栋建筑能如此完美的展示出西式建筑的艺术魅力。江汉关大楼作为武汉市标志性的建筑所带来的影响也是其他西式建筑不能比拟的。

它为武汉市建筑打开了一条新的审美之路。自此以后，武汉建筑思想有了较大的改变，崇尚西式建筑的坚固、高大、健美，而内在的是对理性精神、艺术精神、人文精神的爱慕，武汉市大量优秀的西式建筑涌现就说明这一点。

它为武汉市建筑风格多样化作出了独特的贡献。江汉关大楼对不少设计者产生了巨大的冲击，打开了其设计思路，至此以后，武汉市的建筑风格不断多样化，直到今天，还有不少建筑受其影响和启发。

四、江汉关历史事件文化含义的探究

（一）敢于尝试新鲜事物

江汉关还创办了各种新事物，推动中国和武汉人挣眼看世界，为武汉市的社会进步作出了贡献。

江汉关气象工作，江汉关从开关之后不久就开始了气象工作，从1869年11月开始，每日两次向上海及香港天文台发送气象电报。1916年开始，气象电报资料增发中央观象台、农商部观测所。1933年向上海天文台、青岛观象台、济南建设厅测候所，南京气象台、上海气象台、航空站、中央气象研究所及上海海岸电台等单位发送气象资料。

建立检疫制度。1902年，江汉关制定了检疫规则，对染疫人员、货物及可疑船只的处理规定了详细办法，促进我国卫生事业的发展。

创办汉口邮政局。1878年12月，江汉关税务司惠达创办汉口邮政局，主要办理通商口岸与内地往来寄递业务。1897年设邮政总局，在湖北境内的武昌、沙市、宜昌、武穴等地下设了49分局、支局。之后江汉关税务司还将邮局发展到了河南、湖南、陕西等地。

江汉关还代表清政府，多次到国外参加国际博览会，把中国的商品推向全世界。1899年，江汉关曾专门带湖北汉阳铁厂的产品到巴黎参展，促进了汉阳铁厂的发展。

（二）对外开放、传播先进文化

江汉关是中国的对外开放，汉口崛起和不断繁荣的见证。

江汉关的设立促进了汉口进出口贸易的兴盛，使得汉口经济迅速发展兴盛。18世纪以后，汉口进出口总值一直在3000万两以上，到了1901年，进出口贸易突破 1 亿两, 1910 年达到 1.35 亿两。1865-1931 年, 江汉关的间接贸易额稳居中国四大口岸第二位, 有 18 年居第三位, 只有 7 年居第四位。随着不断的发展, 汉口更享有东方芝加哥的称号。

江汉关的税收不少都用在洋务运动上, 张之洞督汉以后, 在武汉先后创办了汉阳铁厂、湖北枪炮厂、汉口铁厂机器厂、湖北织布局等一批近代化的工业, 使武汉一跃成为全国重要的重工业基地。

江汉关还传播了先进的思想文化, 江汉关在武汉走出中古迈入近代的历史进程中扮演了多重角色。它既是传统中国走向半殖民地、半封建社会的产物; 也是中国从闭关锁国走向开放的促进者。

江汉关的设立与运作, 基本上是遵照西方资本主义新式海关模式, 比中国传统的封建海关有着显著的进步。江汉关还是武汉近代化管理的源头, 先进的管理经验为中国的企业提供了借鉴。江汉关严密的组织制度, 行政组织、人事管理、财务制度、征税章程等, 使得管理规范, 高效廉洁, 大大提高了行政效率。

（三）江汉钟声

江汉钟声。1924 年开始, 江汉关奏响《威斯敏斯特》序曲, 江汉钟声伴随着几代武汉人从青年走向了老年, 融入了无数人的记忆。每天那遥远异国情调的清脆钟声在清晨唤醒王镇的居民, 又在午夜催促忙碌了一天的人们安然入睡。江汉钟声已经成为了一种象征与传承, 传承着老武汉人敢为天下先, 勤劳艰苦奋斗的精神。

江汉关就是这样一个复杂体, 你很难轻易的去定义它。它卓越、开放、包容、奋发, 它饱经风霜而又坚强耸立在武汉街头, 就像一座定海神针。它记载着我们的历史, 它又照亮着我们的未来, 它化成了我们生活在这个城市里每一个人的血肉, 永远陪伴着我们。而今天, 我们要重新来认识它, 今后我们还将不断的发掘它, 使之成为这个城市最亮的启明星。

（四）码头文化

汉口因水而兴，长江汉水的码头聚集了大量的生意人，是一个充满码头文化的城市，江汉关负责税、缉私等工作，它自然就带上了一些码头文化的色彩。传统的码头聚集着三教九流，其中鱼龙混杂，又大多从事着商业活动，这些人重情重义也重利。形"义"实"利"的人往往成为赢家。他们看似开放，其实很保守。

江汉关赋予了码头文化新的内涵。西方文明是商业文明，奠定了现代商业规则秩序。江汉关按照西方文明精神行事，将规则、制度、甚至法制精神等带到了传统的码头文化之中，形成了武汉市新的码头文化。对武汉商人起到了很好的塑造规范作用。江汉关的码头文化以契约、秩序等为基础，又带有中国传统的诚信、谦让等精神，为武汉商业发展增添了活力。

五、对江汉关大楼周围文化资源的整理

（一）深度探究与宣传文化资源

注重对江汉关大楼的形象塑造，江汉关以什么样的形象，特别是文化象征形象展示在世人面前，是要重点考虑和包装的。

首先是加强自身文化的挖掘与宣传工作。博物馆组织过专人对自身文化进行研讨，可以依托其档案资源优势，加强其学术研究，鼓励高校教师和学生对江汉关相关历史档案进行利用。此外，要加强与网站、电视台、等单位的合作，尝试拍摄一些展现武汉近代历史风貌的影视作品，利用生动可读性强的报刊故事连载，让人们加强对江汉关大楼的了解。同时，以江汉关大楼周边重要历史建筑遗址及重大历史事件为依托，组织推出近代武汉历史文化长廊。

（二）优化周围环境

对周边违建和破败建筑进行整改，要尽力保持周边街区空间原有的风貌格局，拆除沿街的违章建筑，清理户外垃圾广告，提高江汉关大楼周边街区公共空间环境质量。

　　加强对周边环境进行清末和民国时期历史感营造，鼓励周边商家使用民国风格装饰，营造历史气息。优化街区经营业态，植入符合历史街区文化内核的高端经营，开设收藏馆、民国历史书店、画廊、酒吧、咖啡馆等与其人文环境相符的文化产业。开发设计具有特色的旅游纪念品，江汉关目前已经设计了明信片等文化旅游纪念品，可以开动脑筋，设计更多的纪念品，如江汉关模型，钟楼模型等等。

六、对江汉关大楼空间感受的营造

　　建筑空间好似一个强大的容器，它包含了大量信息，它要向大众表达建筑和空间本身的思想、美感、功能价值等。在现实生活中，建筑与人是相互依存的，建筑空间与人的精神有着密切的联系，而这种联系还会产生一种场所精神，赋予建筑空间独特的意义。而在历史建筑中，时间与空间也能产生一种互动，时空的紧密结合转换，会赋予历史建筑特别的意义。

　　（一）空间和时间的相互营造

　　对于历史建筑来说，时间蕴含于空间之中，同时建筑的空间也因为时间而无限扩大宽广了。对历史建筑空间的营造，要将时间因素充分考虑进去。可人文时间轴来进行，打造几种不同时代的空间感受，这几种不同时代的感受融合又形成整体的新感受。例如江汉关大楼，可选择其几个关键的时间节点，事业初创期、19世纪30年代的顶峰期、暗淡结束时期等，围绕这几个时间点来营造不同时期江汉关的形象，最终这些不同时期的形象综合会给我们带来江汉关迁阔的空间感受。

　　（二）人与人之间的影响

　　在建筑空间中，人与人由于相互接触而互相影响，而人与人间相互的影响对建筑空间的场所精神形成也会形成影响。优雅融洽的人际互动会给建筑增添优雅、高贵的气质，反之正相反。

江汉关大楼目前营造了较为和谐的人与人互动环境，绝大部分游客都是彬彬有礼，工作人员的服务也十分的周到。下一步有条件可以更加美化环境，营造更好的工作人员与游客或游客之间相互江流的环境。

（三）建筑物外部空间的营造

建筑的空间包括了内部空间与外部空间，外部空间本身就是建筑的一部分，每个建筑都无法脱离外部空间而存在，外部空间的营造对于建筑价值的彰显意义重大。

江汉关大楼地处汉口最繁华的商业街，周边建筑林立，有些已经破坏掉了江汉关大楼原有的场所精神。我们应该重视其周边环境的治理，加强审批，以保存其原有的精神实质与气场。在有条件的情况下，还要兴建、整合促进江汉关大楼精神体现、生长的建筑，促进它们之间无言的交流，打造更和谐和更有利于江汉关大楼伸展的整体环境。此外，在现实条件不允许的情况下，我们还要运用科技的力量，利用现代 3D、虚拟科技等重新还原江汉关原有的外部空间环境，恢复其本身的场所精神。

（四）建筑物与人之间的相互影响

人是建筑空间的主要使用者，人身处建筑之中就已经在与建筑进行交流了。对于江汉关大楼，人与建筑的互动要变得更加丰富、高雅和频繁。江汉关大楼的内在精神十分丰富，包括理性、超越、宽容、艺术等精神，虽然对人是一种无言的感召，但大多数人还是无法领会。我们应该运用各种手段来帮助其述说，例如可用文字、视频资料等更加清楚的解释其思想内涵，用多媒体等科技手段促进人与建筑的互动。

第三节　江汉关大楼历史文化资源含义的探究

一、新媒体技术的应用

（一）新媒体技术运用的重要性

在国内外，目前展览的趋势是将实物展示与虚拟展示相结合。实物展品保存着来自真实藏品的文化信息，给人以最直接的冲击，而虚拟展示可以更丰富、全面、深入的展示文物多方面的信息。而虚拟展示越来越流行，今后将成为展览的主流。

1. 实物藏品的数量庞大、种类繁多

稍大的博物馆或展览馆都保存着数量庞大、种类繁多的文物藏品，但是展馆的展示空间却十分有限，在有限的空间中只能展示少数的精品，大部分的藏品都无法显现在游客面前。此外，由于种种原因，如战火、动乱、自然灾害等，很多历史文物都遭受了损坏或遗失，这些文物无法用实物展示，但又是我们宝贵的文化遗产，只能求助于虚拟技术。以江汉关博物馆为例，江汉关博物馆收藏有大量的历史文物，但展厅的空间有限，无法一一展出。此外,因为战乱等原因,很多文物已经遗落在民间或被损毁掉了,但我们还有它的相关记载，可以根据记载对其进行虚拟还原，这样就要求助于虚拟的展示技术。

2. 实物无法完整阐述藏品所蕴藏的含义

藏品实物往往无法全面的显示出自身的文化价值，更无法全面的展示其历史背景，需要人们来阐述解读。对于绝大部分游客来说，只能根据展览馆所提供的关于展品的工艺、材料等信息了解展品。

但虚拟技术可对展品的展示内容进行延伸与补充，可以完全展示出其背后的历史文化背景，甚至是它内在的精神价值。以江汉关大楼为例，大楼为西式建筑，但对于建筑的解读专业人士才行，对于普通的游客完全摸不着头脑。而一般的建筑专业人士也很难解读出大楼深刻的人文背景与思想内涵，这就需要做深入的挖掘，然后通过虚拟展示的方式将其全面的展示出来。

（二）新媒体技术运用的价值

1. 新媒体技术的成熟

多媒体是由单媒体组合而成的新的媒介形式，如由文字、图形、影像、动画等通过计算机的数据处理而形成的一种新的信息载体。多媒体技术的特点主要体现在信息的高度集成、交互性等方面。

目前，多媒体技术应用广泛，深入到社会生活的各个领域，大大拓展了人们的传播渠道。在博物馆、展览馆等各种场馆中的运用也十分频繁。并且，多媒体技术的成熟还为其他高科技技术，如交互式技术等等奠定了基础。

2. 以进一步打造江汉关博物馆的文化品牌为需要

要进一步打造江汉关博物馆的文化品牌，提高服务能力，吸引更多游客前来参观，就必须大力提升江汉关博物馆的科技运用含量。现代游客，特别是年轻游客越来越依赖和偏好手机智能软件的导航和游览。以武当山为例，在景区开发了定位服务系统ＡＰＰ等软件后，游客可借助导游终端实现定位识别、社交互动、信息推送、智能导游和网端互动等服务，使得游客的人数大大提升。科技含量本身也是品牌打造的重要指标。武当山景区在大力提升其科技含量后，其旅游品牌竞争力得到的显著提升，先后荣获了国家文明风景区和首批国家级旅游度假区的称号。江汉关博物馆要进一步提升其品牌，就要大力提高其科技展示、服务能力。

3. 对现实技术的加强

将虚拟环境通过一定的技术加入到现实中，拓展展品的想象空间，达到增强和丰富现实的目的，这一技术随着科技的进步取得了很大的突破。增强现实提供了在一般情况下，不同于人类可以感知的信息。

目前，通过输出数据进入电脑，进过系统的运算，真实世界与虚拟世界可以通过数据达到重合，虚拟世界的信息可以反馈到真实世界中，由此可以达到一个虚实相融的领域，人们可以从视觉、听觉、触觉等五感体验虚拟物体的真实感受。

4. 探究江汉关大楼历史文化资源的含义的需要

江汉关大楼历史文化内涵进一步探究和发展，必须要借助高新的科学技术手段。如江汉关大楼的时间、空间文化的挖掘，只有利用现代新的科技手段来营造，才能完整的显现其各个时空的历史面貌，从而全面挖掘出其历史文化价值。江汉关大楼建成到今天，内外部的环境都发生了不少变化，特别是外部环境，使得其原有的艺术价值遭受了一定的损坏，今天我们也无法再恢复其原有的面貌。但借助虚拟现实等技术手段，我们还是能重新感受到当年的时空。

此外，江汉关大楼文化内涵是可继续发展的，这也要求助于现代的新科技。让高新科技为其营造更好的内外部环境，拓展其时间、空间感受，进一步提升其艺术价值。

5. 完善数字展示馆的新技术

数字展示馆、数字博物馆早就不是新的话题，现在很多的展示中也都已打造了网络虚拟空间，将实体的藏品搬到了网络上。

如佳和网络博物馆，针对博物，结合定位识别、信息推送、智能导游、社交互动等技术设计开发了一款智能导游系统。该系统具有博物馆导览、展品介绍、虚拟交互、查询检索等各项功能，十分的方便好用。

之前网络虚拟空间跟真实的展览空间还很少发生交集，使得网络藏品显得较单薄。但现在这种情况已经有所转变，随着建筑漫游技术日益发展，与数字化展示技术和互动技术相结合后，相信数字展示馆将会取得进一步的突破。

6. 虚拟现实技术的提高

虚拟现实是多种技术的综合，包括实时 H 维计算机图形技术，广角（宽视野）立体显示技术，对观察者头、眼和手的跟踪技术，及触觉及力觉反馈、立体声、网络传输、语音输入输出技术等。

如道教知识互动游戏，针对道教禹步史料及相关知识，利用逐顿、动作补间、形状补间动画和基于过程化的动画制作技术，制作游戏角色、场景和道具等基础动画元素。在综合运用各种设计模式和算法的基础上，采用触发器，事件侦听等结构，构建了各基础动画元素的互动程序，并以红外触摸感应的形式，流畅地展示各个互动游戏。

虚拟现实技术的发展，使得人们在虚拟的现实中，除了可以感知计算机图形外，还有听觉、触觉、力觉、运动等感知，甚至还包括嗅觉和味觉等。目前，这一技术已日渐成熟，广泛运用于很多领域。在博物馆、展览馆等场所今后将越来越成为主流。

（三）江汉关大楼文化资源所体现初的科技运用

江汉关博物馆展示要充分利用和迎合以数字媒体技术为主导的数字化展览方式，使展览更加丰富、灵活。

1. 制作能够传递江汉关文化资源的游戏

知识互动游戏十分吸引游客，大部分游客都乐于参与，并能从中很快的了解到相关的知识文化。随着智能设备的普及，文化知识互动游戏开发越来越受重视，不少博物馆、展览中也、景区等等都在设计开发自己的知识互动游戏。江汉关博物馆也可以结合江汉关文化数字资源平台收集到的文化资源，开发一款江汉关文化知识互动游戏，其中包含建筑文化、海关文化、老汉口文化等。使游客在游览的过程中很轻松的了解到江汉关的文化，还可以将游戏放在网络上，游客可以随时下载使用。

2. 建设江汉关文化数字化资源服务平台

江汉关博物馆已开发了手机 APP 及江汉关文化数字资源查询系统，将江汉关以及武汉近代发展史的不少资料搬上了网络。但在资料的丰富性、使用的方便性、趣味性等方面做的都还不够。

江汉关拥有很多的历史资源，一是江汉关的西方建筑文化及其背后所隐含的西方文明精神；二是历史文化资源，江汉关经历了百年的风雨，见证武汉变迁；三是文物资源，江汉关拥有很多文物，如瓷器、算盘、文册等等，这些文物身上自带着大量丰富的文化信息。

江汉关博物馆可以将上述资源数字化，打造几大文化专题，如中西建筑文化专题、民国文化专题、老汉口文化专题、海关文化专题等等，围绕送些专题大量的收集整理与江汉关有关的文化故事、历史遗迹。最终建立起一个江汉关文化遗产数字化资源服务平台。

3. 打造江汉关大楼舒适的数字时空感

可以对江汉关大楼及其周边环境做详细的测绘、数据收集，制作虚拟江汉关的场景，包括地形、植被、文物、大楼模型以及周边的居民区、洋行、码头、庙宇以及商业街等建筑群。更为重要的是，还根据相关的史料记载，还原不同时期江汉关大楼的不同形貌，从这些不同的形貌变化中感受到江汉关的变化。

人们可以在不同的时空中感受穿越，比如前一秒你正身处在 20 世纪 30 年代的江汉关大楼中，下一秒很快就以跳转到 50 年代的江汉关大楼。在不同的时空中穿行，领略不同的江汉关丰采。甚至还可以虚拟与历史上的税务司进行交流，让其讲述当年是如何办公，也可以亲身领略一番当年的业务办事流程。此外，还可以通过对建筑内外部虚拟环境的构筑，使大楼在不同场景中展示不同的艺术特色，促进江汉关大楼文化艺术价值的提高。

4. 开发关于江汉关大楼的智慧软件

江汉关大楼地理位置千分优越，周边地区在历史上都属于租界区，也是老汉口的核心区域，遗留下了很多丰富的历史文化资源。江汉关博物馆可整合这些资源，开发一款智慧软件，制作数字化展示产品，保护和传播当地优秀的生态文化遗产，提高江汉关及周边地区的吸引力。

有关人员设计了武汉市优秀历史建筑软件。收集整理了武汉市公布的八批优秀历史建筑的资料，涵盖了武汉市有较高艺术价值的重要公共建筑、具有宗教历史意义建筑、能反映武汉地域建筑历史文化特点建筑、在武汉市各行业发展史上具有代表性的建筑物等。全部实地拍摄了历史建筑的图片和视频，获取建筑特征信息，并通过 GPS 测量仪对每一栋建筑定位，获取建筑位置信息，收集的资源包括这些历史建筑的文字、图像、音频、视频、动画等资源，并按照位置分布进行了分类。最后，还建立了面向武汉历史文化建筑的应用数据库和定位服务 APP。

对于江汉关大楼也做了详细的介绍，其中包括大楼的简介、建筑艺术特点等，还收集了几十张大楼各个时期的照片和视频。通过这款软件，还可以对江汉关大楼进行地图定位，让游客很快能找到江汉关大楼或其周边的历史建筑。此外，还可以整合江汉路上的商业资源，长江、汉水自然风光资源，开发各类不同主题和不同形态的智慧软件。这些软件除了能在网络上传播、展示江汉关文化外，还可以带来大批的游客，对江汉关大楼周边的经济发展也有一定的促进。

5. 设计"虚拟江汉关"交互展示系统

现代的虚拟展示，更加强调人在虚拟展示系统中的主导作用，游客在展示环境系统中可以与环境进行交互操作，产生身临其境的感觉，提高展示的真实性和感染力。

根据江汉关博物馆收集到的资料，利用现代新的技术手段，可以将江汉关的历史文化遗产栩栩如生的反应到计算机上。并且所有物体的 3D 模型可以无限期展示，没有物品被毁坏的危险。在虚拟环境里，人们根据自己的兴趣，自由选择观看路线，看到的文化遗产模型，可以做到每一细节上看上去与实际的历史遗存并无二致。此外还可以让游客借助于头盔、眼镜、手套等道具，从视觉、听觉、触觉等体验虚拟物体的真实感受，激发观众的想象力和好奇心。

二、江汉关博物馆展示内容的优化

（一）强化展现江汉关开放争先的精神

江汉关是我国对外开放的见证，更为武汉市发展做出了很大的贡献。应该在展示中增添这些内容。如江汉关先进的管理制度，对我国企业管理现代化的启示；江汉关创办了邮政等一大批先进的事物，推动了传统社会的进步。通过对这些事件的展示，体现江汉关开放争先的精神。

（二）强化建筑物上所体现的艺术思想

江汉关大楼是一件优美的建筑艺术精品，建筑艺术思想十分深邃，要在江汉关的视频、文字等宣传资料上加上一些对西方建筑思想的宣传介绍。此外，江汉关大楼的建筑思想文化，其本质是西方的思想文明，要想读懂江汉关大楼，感受到它的精髓，必须要对西方建筑思想的文化背景有所了解。另外，还可以增加一些武汉地区传统建筑及建筑思想的介绍，使游客在对比中感受到中西建筑的差异。

参考文献

[1] 张帆，罗仁朝北京历史文化名城保护规划 [J]. 城乡规划，2004(3):44 — 46.

[2] 梁坤，杜靖川. 中国旅游产业带研究综述 [J]. 世界地理研究，2014，23(02):76-84.

[3] 杨巨平. 保护遗产造福人类:世界文化遗产的保护与管理[M].北京:世界知识出版社，2005.

[4] 陈远志. 清以来戎圩商业变迁和经济社会发展 [D]. 广西师范大学硕士毕业论文，2012.

[5] 张凌云. 旅游产业融合的基础和前提[J]. 旅游学刊，2011，26(04):6-7.

[6] 孟庆娇. 哈尔滨市旅游资源空间结构演变与优化研究 [J]. 商业经济，2010 (21):10-11.

[7] 杨荣斌. 健康旅游理论初步研究——对相关概念范畴的辨析 [J]. 长春理工大学学报（社会科学版），2014，27(03):74-75.

[8] 关伟，蔚振杰. 辽宁沿海经济带产结分 [J]. 地域研究与开，2011，30(04):21-25.

[9] 邹开敏. 景区依托型乡村旅游地区小城镇化途径探究 [J]. 通化师范学院学报，2017，38(03):42-46.

[10] 邹开敏. 古镇发展深度旅游的策略 [N]. 中国旅游报，2013-09-06(011).

[11] 董雪梅，章军杰. 试论文化资源的产权保护[J]. 理论学刊，2013(01):111-114.

[12] 赵东. 资源内涵的新拓展:历史文化资源[J]. 人文杂志，2014(04):126-128.

[13] 沈龙. 传统养生文化在山地旅游度假区规划设计中的应用 [D].
山东农业大学，2013.

[14] 施然. 遗产廊道的旅游开发模式研究 [D]. 厦门大学，2009.

[15] 陆大道. 中国区域发展的理论与实践 [M]. 北京：科学出版社
2003.

[16] 胡艳慧. 产业带的发育及其演化机制研究 [D]. 辽宁师范大学，
2008.

[17] 贺素雯. 人文旅游资源分类研究 [D]. 山西大学，2007.

[18] 殷晓实. 历史文化资源发掘利用方式、依据和原则 [J]. 边疆经
济与文化，2017(05)：34-35.

[19] 山东省临清市地方史志编纂委员会.《临清市志》[M]. 济南：齐
鲁书社，1997.

[20] 临清市地方史志办公室.《临清市志》[M]. 济南：山东美术出版
社，2010.

[21] 牛淑萍.《文化资源学》[M]. 福州：福建人民出版社，2012.

[22] 叶培兴. 明清以来临清城市兴衰研究 [D]. 山东师范大学. 2017
年.

[23] 陈媛媛. 西安非物质文化遗产及建筑环境适应性保护研究 [D].
西安建筑科技大学，2014.

[24] 祁艳. 历史古镇保护与规划研究 [D]. 东南大学，2005.

[25] 杨宏烈. 城市历史文化保护与发展 [M]. 北京：中国建筑工业出
版社，2005：128.